画／ Kei Komuro

ブランニューデイ

あたらしい日

小室佳代

はじめに　~祈り~

「雪が降ればいいのにね」

「どうして?」

「だって　はだかんぼうの木さんが　雪のおふとんをかぶるでしょ」

「そうねぇ」

「そうしたら　あたたかくなって　さくらさんのお花が降るからね」

今年ももうすぐ桜降る季節。幼き頃の息子との何気ない会話を想い出します。


夫と出逢い結婚し、圭が誕生。目を閉じるとさまざまなシーンがよみがえります。

やがて息子たちの交際、続く婚約。愛を育みながら離れ離れの3年間を経ての結婚。

そして現在に至るまでの間、いくつかの心を揺さぶられる出来事がありました。

そのおかげで、私は人生をふり返りながら、大切な家族を含めて書き留めておきたいことがあることに改めて気づきました。

些細《ささい》な日常のひとコマの中にも、心を拾うような出来事がたくさんあったのです。

また、このような私にでも、哀れみではなく心から励ましてくださる方、苦楽を共にしてくださる「心友《しんゆう》」が、ごくわずかですが存在します。

私を死の淵から救ってくれた、大切な大切な方たちです。本当にありがたいことです。そうした方たちから学ばせていただいたことや気づきを、私の中だけに留めるのはもったいないと感じたことが、本という形にするきっかけになりました。


私が苦しんでいる間にも、さまざまな方々が命を絶たれることを、時には報道により知らされることもあります。何もできない自分はただ呆然となり、祈りを捧げるばかりです。人が亡くなる行為を突き詰めれば、事の正邪を明らかにするのは難しいように感じますし、まして当事者以外の誰かが評価できることではない、非常にデリケートなことと理解します。

何度も死の淵をさまよった私は、何かのタイミングでそちらを選んでいても、決しておかしくなかったはずなのに、なぜ今も生きているのでしょう。そうふり返る時、そこには家族、心友や関係者の方々からいただいた智慧や尊い言葉があることに気づきました。それらをキャッチする、しないも自由でよいのかもしれません。たまたまキャッチした私がここにいるだけです。

そのような私が生きていく上で、何度も深く関わることになったのが「料理」でした。ありがたいことに今日まで、さまざまな方々から教えていただいたレシピが、私の中に存在します。

自ら家族や他者のためにそれらをつくり、いただくことが、元気を取り戻すことに繋がる一つの要因と感じています。

私が今まで培ってきたドイツ料理を通して、息子とのコミュニケーションやハプニングを克服してきたエピソード……。師匠であるドイツ人マダム直伝のミネストローネスープにより、心を痛めた幼い圭が復活し、自らの人生をポジティブに歩むようになったことなどもお伝えできたら幸いに思います。

「食べることは生きること」といいますが、まさにその通りだなぁと感じます。

これらの料理が、どなたかの助けや喜びになりますように――。

そして今、こうして息子との生活をふり返ると、手を掛けてこられなかった部分も多く、むしろ私が彼によって育てられた部分が大きかったと実感します。

自由でありながら、年齢以上に大人なところを併せ持つ圭と過ごした日々は、たとえ夫を失った後でも心強く、愉快と感じさせてくれる日々もありました。

周りの方々からのグリーフケアもあり、生かされたことに感謝しつつ……それらの物語も残すことができたら幸せです。


環境や原因は異なっても、私のように心を病みながら、行き場のない日々を過ごしていらっしゃる方も、今の世の中少なくないと思われます。

自分なりの解釈なので、至らない部分もあろうかと存じますが、私という一般人の経験や料理が、どなたかの心の灯火《ともしび》になりますよう祈るばかりです。

目次

CONTENTS

3章 料理をつくることは生きること

4章 地に足をつけて生きるということ

5章 夢と希望の大空に～大学生活～

6章 一番大切なことは心で見よう

序章

対等な関係性が居心地いいね

みんな「ひとりの人間」なのだから

近年知人から届いた年賀状に「いよいよ渡米ですか?」と書かれていました。

ここ数年、圭の後を追って私がアメリカへ行ったという噂が度々あるようですが、そんなことはありません。結婚をし、アメリカの司法試験に受かり、幸せな生活を踏み出した彼らに、水を差すようなことをするつもりはありません。彼らとは、皆さんのご想像よりも、距離を置いた関係性を私は保っているつもりです。

後々少しずつ語らせていただきますが、一介のサラリーマン家庭に生まれた私は、「女子は家庭を大事にすべき」と考える父と、「女子にも職業に繋がる教養や資格を授けたい」と願う母との狭間《はざま》で、揺らぎながら育ちました。

栄養士という資格を持ちながらも、病弱な母を助けるため「家事手伝い」を中心に過ごすという、学びを社会で活かすことができない、なんとも居心地の悪い独身時代を送りました。

そんな私に「対等な家族関係の良さ」を伝えてくれたのは、短大時代に縁を得た夫でした。圭が結婚した今、改めて夫の方針が的を射ていたと実感しています。

私は自身の経験から、子どもに対して、早く学びの大切さに気づいて欲しい、早くやりたいことを探して欲しい、と無意識に早さを求める傾向にありましたが、夫の思考は真逆でした。

「子育ては親のエゴイズムを露呈させるもの。本来は我慢強さを自分に課した上での『自分育て』を意味するのではないかな」と言うのです。夫は「早く」という言葉を、圭にも私にも一度も使わずに過ごしていました。

彼は自身のことに関してはいつも用意周到でしたが、決してそのペースを人に押し付けず、それぞれのペースを重んじるところがありました。

それは現在、圭の持つペースに繋がるところではないかと感じています。

どのような事柄に対しても先回りせず、息子の意志を待ち続ける夫の我慢強さには、いつも感心させられました。

また、夫は子どもを自身の所有物のように扱うのを嫌い、言葉を話せるようになった圭に対して、「君《きみ》」という呼び方を用いて接していました。私はその呼び方に距離を感じて少し寂しい想いもしましたが、後から考えてみると、これこそがわが家にとって、親と子の「対等な関係性」の表れだったような気がしています。

そのような環境が、圭にとって圧力や重荷が少なく、自分の考えを自由に育てることのできる土壌となったのであればよいのですが……。

このように夫は圭や私について、いつも「ひとりの人間」として接してくれました。私の家族の歴史の中では、親のために家事手伝いをしなければならないという、犠牲的にも感じられた立場を良しとしていましたが、結婚後は夫の影響で「ひとりの人間として、どう生きるか」を次第に考えるようになったのです。

「叔母さんのような存在」という距離感

「君にとって私はどのような関係性に感じる?」と、圭に尋ねたことがあります。

答えは「叔母さんのような感じ」でした。

「何かを強いるわけではなくて、相談したら応援してくれる叔母さんのような存在」ということのようですね。

彼が、こんな距離感を保ち続けてくれたことに、私は感謝をしています。そしてこの答えは、私が彼とそれなりの関係性を保っていることを理解してくれていると感じられて、嬉しくなりました。

そんな圭は、父親を亡くした後に、私に〝自由の素晴らしさ〟を説いたのです。

中学生になる頃から、彼は私にパートナーを持つこと（結婚すること）を提案するようになりました。

私の周りには男女問わず独り身の親もいましたが、成人した子どもでさえ親の再婚に反対する家庭もあったので、私は圭の自立心に感動すら覚えました。

インターナショナルスクール（以下、インターと省略）という環境に自ら身を置き、さまざまな家族関係を目の当たりにしたことも影響したかもしれません。

「ひとりの女性として幸せに生きて欲しい」という想いを私は圭から感じとり、〝自由の可能性〟について学んだのでした。

これらのエピソードが物語るように、彼は幼い頃から、自立性に関しては長《た》けていたと思います。

今となれば笑い話ですが、私のお腹の中にいた時から、「僕は〇〇日に産まれるから」と、出産予定日ではない日にちを夢の中で教えてくれて、なんとその日に産まれたのです。不思議な感覚ですが、思えばその時から、私は「この子なら大丈夫」と、根拠のない信頼感を持つことができたのでしょう。

期待というものを息子に持たぬまま生きてきたのも、「彼の人生は彼のもの、誰のものでもない」と、いつも夫が口癖のように言っていたところにあります。

子どものジャッジメントにはなるべく関わらない方針だった夫を、当時の私は、随分とクールな人だなぁと捉えていましたが、今にして思えば、それは父親から息子への、最も大きなプレゼントだったのでしょう。

夫亡き後も私は彼の方針を重んじて、圭には身勝手な期待を持たず、何も望まず、喜びと悲しみは共有しながら、食育に重きを置き、健康に集中するよう20年間努めてきました。

周りの方から「息子さんが遠い地へ行ってしまって寂しいでしょう」と聞かれることがありますが、自立心が旺盛な息子ですので、寂しさはあまり感じません。それに「海外で暮らしたい」というのが圭の夢だったので、今叶《かな》っていることを喜ばしく思います。海外で暮らす彼らを、私は今までのように、叔母さんのような距離感で眺めている——そんな感じですね。

夫と私が恋愛の末に結ばれたように、息子も恋愛の末に愛する人と結ばれました。もし夫が生きていたら、彼も圭の意志を尊重するのではないでしょうか。

幸せになりたい気持ちを否定できますか？

80億人を超えるこの広い世界の中で、一人とひとりが出逢い、惹かれ合い、心を通わせ、互いの想いを受け止め合う。

それはまさに「奇跡」のように感じます。

真っ直ぐな気持ちで惹かれ合っている息子たちを見ていると、もはや私も、奇跡が織りなす「ご縁」というものを感じずにはいられない心境になりました。

そしてそれらが公になったとき、私はもちろん、自由で強い気持ちを持つ圭でさえも時には気持ちが沈んだり、高ぶったりすることもあるように見え、身辺もざわつくようになりました。


誰しも初めて経験する事柄には、立場や環境、年齢などにかかわらず、戸惑いや、驚き、時には怯《おび》えを感ずることもあるかもしれません。

その後も諸事情により、何も発信できぬまま心を病み始めていた私にとっては、とても辛く悲しい想いもいたしました。

一方で圭は、そうした中からさまざまなことを学び、幸せを追求する方法を見出し、現在に至ると思われます。私は彼ほどの自由を持っていないので、未だに恐れを感じながら過ごしています。何を恐れているのか——。それさえもはっきりと表すことができない自分を、とても歯痒《がゆ》く感じます。

そのような私に、「怖がらなくていいの。誰が何を言おうと、私は以前からの貴女をよく知っている」と心友が励ましてくれますが、以前の自分をどう取り戻したらよいのかもわからず、もどかしいのです。

周囲の方々の温かい支えにより、本来の私に戻ろうと今も懸命に喘《あえ》いでいるところです。

「もっと自由に、もっとあなたらしくやってよいのでは?」と圭はアドバイスしてくれます。そんな状況の中で踏み出した第一歩が、この本です。

これまで自分のことを語るのは極力控えてきました。

何かを申せば、都合よく切り取られて報じられる可能性があり、容赦なく批判の波が押し寄せます。その苦しみは恐怖を生み出し、私から生きる気力を奪い、ネガティブスパイラルに陥ります。

けれど今回思い切って自ら語ることにした理由の一つには、数年間にわたりこのような私を支えてくださる心友のすすめがありました。

文章にまとめると、この先私が「どのように生きていこうか」が、少しずつ明確になってゆくのではないかと自分への期待も持ちますし、そうすることが自身の病の治療の一環にもなるのではないかという気づきもありました。

また、私のようなＰＴＳＤ（心的外傷後ストレス障害）を伴う鬱《うつ》病やパニック障害など、心が不安定な方々のお役に立つことが少しでもできたら、という想いも僭越《せんえつ》ながら持っています。周りの方々の励ましにより私が救われたように……。

現在も治療中の身ですので、拙《つたな》いところもあるかと存じますが、なるべくポジティブシンキングを前提に、自分や家族のこと、そして誰かのためにつくってきた料理のことなどをお伝えできましたら嬉しく思います。

私は心の扉を少しだけ開けて、一筆一筆自身や家族の歴史をしたためようと思います。

1章

「食の大切さ」への目覚め、そして出逢い

家族でもそれぞれに価値観は違うよね

はじめて私のことについてお話ししようと思います。

これまで自分以外の人たちが語ったり報道したことはありますが、その歴史や気持ちを、当事者である私の口からお伝えすることは、諸事情もあり控えてきました。すべてではありませんが、かっこよくも悪くも、これが本当の私です。

私は神奈川県の鎌倉市に生まれました。

小町通りの路地を少し入ったところに、当時は小さな産院があり、私はそこで産声を上げました。私をとり上げてくれたお医者さんは姓名学に詳しく、私の名前を命名してくださいました。5歳までを西鎌倉で育ち、その後は横浜で暮らし、8歳の時に再び湘南に戻りました。

海が近い環境でしたが、幼い頃の私は臆病で、波が怖くて海で泳ぐことをあまり好みませんでした。そんな私を家族は『パシフィックホテル茅ヶ崎』(現在は閉館)の室内プールによく連れて行ってくれました。

プールサイドには、背の高い観葉植物やビーチチェアが置かれ、異国情緒漂う環境が、幼心にも魅力的に感じたことを覚えています。ホテルに併設したショップで、海外の食べ物や雑貨を買ってもらうのも楽しみでした。

母は教育熱心なところがあったので、そんな私のことを「このまま泳げずに大人になると困る」と思ったのでしょう。小学校中学年になると、当時片瀬江ノ島駅の近くにあったホテルの水泳教室に通わされました。

その水泳教室は、泳げない私が息継ぎをするために何度も水から顔を上げると、モップで頭を水中に突っ込むようなスパルタ教室で、とても怖かったです。

これには見学していた家族も驚き、未だに父の記憶にも残っているようです。そんな時代だったのですね。しかしそのおかげで、私はすべての泳法で泳ぐことができるようになりました。

3歳から15歳まではピアノを習い、他にも書道や華道など、女子としての素養を身につけるためにあれこれと習わされました。

母には娘への理想像があり、それに私をあてはめようとしたのかもしれません。

公立の小・中学校で過ごした後は、私立女子大学の附属高等部に進学しました。中学生時代に家庭教師の影響を受け、数学と英語が好きになり、国語・数学・英語の3教科で、推薦入試を経て高等部へ進学することになったのです。

小・中学校で習い事をしていたので、高校生になっても、母は私に何かをやらせたかったのでしょう。

「今は何に興味があるの?」と聞かれたので、「絵かな……」と呟《つぶや》いたら、翌週には芸大卒の先生が用意され、「美大を目指したら?」と言われました。

性急な母らしいエピソードです。

低学年を過ごした横浜の小学校では、担任が美大卒の先生でした。図工の授業で、初めて描いたクロッキーをとても褒めていただいたことがずっと記憶にあったので、私はいつか再び絵を描きたい想いを持ち続けていました。

初めて習う油絵も、描き出したらとても楽しくて、「美大へ行きたい」という想いがどんどん膨らみました。

できることなら美大で版画やデザインも学びたい、という気持ちになりました。けれどいつしか周りから、「ああいう世界はコネクションがモノをいうからね……」という話が耳に入るようになります。事実を確かめる術《すべ》もなく、思春期だった私は妙に落ち込み、描く気も失せてしまいました。

デッサンは相変わらず好きで、今でも時折描いています。この本に収録した料理などの絵は、下手の横好きが高じて書き溜めたものの一部です。

圭も絵が好きなようですね。ちなみに巻頭の絵は、彼が小学生の頃に私を描いてくれたスケッチです。

方向転換した私は、同女子大の4年制大学英文学科に進みたい希望を持ちました。英語を駆使して社会で活躍したい、できることなら海外で暮らしてみたいと思ったのです。

しかし父は「女子は大学など行かなくていい。短大で充分だ」という考え方でした。母はもっと教育をと考えたようでしたが、この頃から持病が悪化し始めて、彼女は自身のことで精一杯に見えました。

4年制大学で英文学を学ぶことが叶わない……そんな失意の私を救ってくれたのは心友でした。

「私は短大の食栄（食物栄養学科）へ行こうと思うけど、一緒に行かない？」と誘ってくれたのです。短大なら父も認めてくれそう。

当時は、必要単位を修得すれば、卒業と同時に栄養士の資格を取得することが可能でした。早速父を説得し、短大に進むことにしました。

心友とはその後、彼女が亡くなるまで30年余りにわたり、まるで姉妹のように喜びも悲しみも共有しました。小柄で可愛らしい彼女でしたが、私よりもよっぽど肝が据わったところがあり、心配性の私を笑いながら「人生なるようにしかならないからね

〜」と、いつもアドバイスをしてくれました。

高校から短大卒業までの、ほとんどの日々を共に過ごした彼女。夫が亡くなった時には、抱き合って涙を流して悲しみました。もし今も彼女が生きていたら、またあのセリフで私をサポートしてくれるのかもしれません。

人生の半分以上の時を共にした心友。姿は消えても、彼女の魂は私の心の中に今も生き続けています。

母譲りの食いしん坊、栄養学にハマる

英語を勉強して海外に行きたい、自分の想いを形にしたい、いろいろと夢はありましたが、どれも叶いませんでした。それはその間、母が闘病中だったことにも関係しています。

母は病に罹《かか》り、一時期は入退院を繰り返すほどに悪化しました。私が高校生の頃から家事もままならなくなり、父は私に食事づくりを言い渡しました。授業が終わり、

友達とお喋りしていても、時間になるとひとり先に帰って、スーパーで買い物をして帰宅し夕食をつくる。それが私のルーティンでした。

同居していた祖母と協力して家事を分担し、朝は家族の分のお弁当も私がつくりました。高校を卒業する頃にはますますその役割が増えて、短大生になると気持ち的に私は半分主婦のようでした。

短大での栄養学の勉強は、予想以上に楽しいものでした。食物栄養学の分野は化学分野に近く、どちらかというと理数系体質の私にフィットしたのかもしれません。

母の病が悪化するまでは、よく家族で馴染《なじ》みの店を食べ歩きました。私も母譲りの食いしん坊です。おいしいものが大好きな私にとって、料理の技も磨けるこの学科は、通ってみれば大変興味深いものでした。

食物栄養学科では、今盛んに言われている「食育」についても学びました。２００５年に成立した食育基本法では、食育とは「生きる上での基本であって知育（知能を高め、知識を豊かにするための教育）、徳育及び体育の基礎となるべきもの」と位置づ

短大時代、食育の大切さを知る

けられています。人が生きていく上で、栄養は身体と心の基礎となるもの。それを司《つかさど》る学問なのだと思うと、大きな意義を感じました。

そして私のすぐ横には、健康を害し食べることもままならない母がいます。まさに日々の生活のためにも栄養学の勉強は大いに役立ちました。

母の病は食道の働きを低下させたので、刻み食や流動食しか食べることができない期間が10年以上に及んだのです。難病にも認定されている病でした。のちに手足も不自由になり、母は身体障害者として認定を受けることになりました。

家族のためにも一層学びに励みました。

栄養士免許取得の単位を取るために、栄養士実習という授業が2年間に3か所、いずれも校外で行われました。

病院で行う実習では、母のような患者のために、刻み食や流動食、また医療食としての栄養補助食品についても深く学ぶ機会を得ることができました。食事制限がある患者が、少しでも喜びを感じられるように工夫されたメニューについても学びました。

一方保健所では、摂取カロリーを自己管理しなければならない人たちを対象に行う栄養指導を通じて、自宅での食生活の是非について学び、家族の栄養管理にとても役立ちました。

子どもたちを対象とした小学校実習では、学校給食を通して体育を基本とした知育や、徳育についての食育に触れることができました。

このような体験から「食べることは生きること」をより実感し、改めて「食育」の大切さに目覚めたのです。現在の私の基礎は、短大の食物栄養学科がつくってくれたのだと、しみじみ感じ入ります。

異国文化に恋した70's～横浜物語～

高校時代からのわが家の「食」は、ほとんど私が担いましたが、それまでは祖母や母が丹精込めて料理をつくってくれました。

祖母は和食が得意でしたが、母は戦後の復興期に、英文タイプを叩いて外資系企業で働いていたような先進的な人です。つくる料理も洋食が多かったと記憶しています。横浜で暮らした頃は母は元気で、家事もひとりでこなしていました。私はプロテスタント系の幼稚園から、公立小学校へ進み、低学年までを過ごしました。

ふり返ると、楽しかった想い出しかありません。

男女問わずたくさんの友達に恵まれて、幸せな想い出ばかりですし、母が元気だったので、家族でいろいろな場所へよく出掛けました。

休日は本牧の外国人が暮らす地域で開催されるバザーや、横浜港の波止場へ「客船を見に行くわよ！」と、よく連れて行かれたことを覚えています。

バザー会場の広くて眩《まぶ》しい芝生のグリーンや、金髪をおさげにして跳び回る少女たち。イベントテントの下に並ぶ大きなマフィンを頬張る大人たち。波止場ですれ違う外国人たちが、笑顔で「Hi!」とフランクに声を掛け合うその姿は、幼い私にとって、とてもセンセーショナルな風景でした。

目を閉じると、周りに流れていたリズミカルな音楽や、漂うキャンディの甘い香りまで、その時の状況がありありとよみがえります。人間の記憶は凄いものだなぁと驚きます。大人や子どもの枠を感じさせない弾けた「楽しさ」。どこの国の人とも、笑顔で声を掛け合う「自由さ」。そんなイメージが今も忘れられません。

私が記憶する母の味といえば、マドレーヌやグラタン、ナポリタン。特に母は洋菓子が得意で、ココア味のロールケーキなども十八番《おはこ》でしたね。家族が揚げワンタンの甘酢あんかけが好きだったので、これもわが家の味です。甘酢あんはしょう油味が主流かもしれませんが、母がつくるものはケチャップ味でした。中華街のお店から彼女が学び調えた味です。

家族での食べ歩きは、さまざまなお店に出掛けましたが、横浜中華街にもよく行きました。気に入ったお店に繰り返し出掛けるのが常で、週末には生バンドの演奏を楽しみながら、家族で円卓を囲んだことが想い出されます。

鎌倉山の『Märchen Hütte（メルヘンヒュッテ）』も、母が見つけたお気に入りのお店のひとつで、小学生の頃に初めて連れて行かれました。

実はメルヘンヒュッテは、後に私がお手伝いをさせていただき、本格的に料理に目覚めるきっかけとなったドイツ家庭料理のお店です。

「奥さま」(店主の愛称)と呼ぶドイツ人マダムには、一生を通じて大きな影響を受けることになりました。

私のファーストインスピレーション

短大に入学してからの私は、家族の食事づくりに一層精を出しました。短大の授業は朝から夕方まで詰まっています。食品化学の実験も多く、目まぐるしいです。それでも、食についてとても興味があったので熱心に取り組みました。

そんななか、授業と家事だけでは、大学生活があまりにも寂しいように感じ、心友と共にサークルに入ることにしました。

当時は、他大学の学生たちがサークルの勧誘に、女子大の正門前に訪れていました。

某大学の学生に誘われて、心友と私は、旅行研究会というサークルに入部しました。私には家事があったので、イベントに毎回参加できるわけではありませんが、年に一度の夏の長期旅行にはなんとか都合をつけて、心友と共に参加しました。

実はこのサークルで夫と出逢いましたが、この時はまさか結婚することになるとは思ってもいませんでした。

夫は一つ年上の工学部建築学科の学生でした。当時の彼は、ちょっとテンポがずれているように感じました。

サークルで湘南へのドライブイベントが行われた時のことです。

数時間ごとの集合場所とおおよその時間だけを決めて、数台に分かれて部員が乗り合い、各車が好きなコースのドライブを楽しみます。

夕方になり、集合場所に次々に車が集まりましたが、夫の運転する車だけがいつまで経っても現れません。携帯電話などない時代です。その車には、私の友人の女子も乗り合わせています。どうしたものか、事故ではないか。皆が心配しながら待ちました。

1時間以上経ち、ようやく現れた彼に部員が詰め寄ったところ、「同乗していた女子たちと話が盛り上がり、ランチタイムが長引いた」と、にこやかに説明して謝罪するのでした。

私は彼を「随分マイペースな人だなぁ」と感じながら、「先輩、何はともあれ、和を乱さないほうがいいですよ」と言いました。彼にとって余計なお世話だったのかもしれませんね。

そんな私に向こうは少し引いてしまったようで、互いに恋愛感情もなく、どちらかといえば、避け合いながら過ごしていたように思います。

それに私は家族のために多くの時間を割いていたので、サークル活動に参加する回数も限られ、彼とじっくり話す機会もありませんでした。

あの時、何も言わずにやり過ごすこともできたのに、どうして彼にアドバイスなどしたのだろう……。後にそう考えたとき、それが夫への私のインスピレーションだったのかもしれないなぁ、と気づきました。

第二の母はドイツ人の「奥さま」

当時、大学生の楽しみといえば、サークル活動とアルバイトだった人も少なくなかったのではないでしょうか。

それが出逢いの場となり交際へ進展したカップルが、私の周りには多くいました。私も実験と家事とで多忙な日々を過ごしながら、「アルバイトもしてみたいな」と密かな想いを抱いていました。

そんな矢先、私が食いしん坊なことを知っている友人から、「おいしい昼食と夕食、それに手づくりケーキもいただけるバイトがあるのよ。やってみない?」と誘われました。

それは幼い頃に家族で何度か出掛けたことのある、鎌倉山のドイツ家庭料理店『メルヘンヒュッテ』でのアルバイトでした。

なんというご縁！　と驚きました。しかも仕事内容が、料理好きの私にとって胸躍るものでした。料理を給仕するだけではなく、厨房にも入れるというのです。家族が大好きな、あのお店の厨房に入れるなんて！

ドイツ人のマダムは食を極め、いつも凛として素敵です。あの方のもとで働けると想像しただけでワクワクします。二つ返事でＯＫし、週末の一日程度でしたが、私はアルバイトを始めました。私にとってメルヘンヒュッテは本当に素晴らしい環境でした。

人生には幾つかの「一生を決める出逢い」があるように、メルヘンヒュッテの奥さまとの再会は、まさにそのものだったと思います。

料理が本当にお好きで、おいしい料理でお客様に楽しんでいただくための努力を惜しまない、その生き方がとてもカッコイイのです。当時の彼女は65歳にして、とてもスリムで姿勢もよく、真っ赤なデニムをはきこなしていました。

奥さまは私にとって、リスペクトする人生の大先輩、料理の師匠、そして病弱な母に頼れなかった分、「第二の母」のような存在でもありました。

今はなきお店ですが、当時、西洋料理に興味を持つ人たちの間では、名の知れたお店のひとつだったようです。

『ごちそうさま』という料理番組に奥さまが出演して料理を披露したこともありましたし、雑誌やテレビの取材も多く受けていました。鎌倉山の少し辺ぴなところにある一軒家レストランは、辺りが桜色に染まる春には連日満席でした。

ドイツ家庭料理のお店といっても、伝統的なドイツ料理だけではなく、ハンガリーなど周辺諸国の料理もお出しする、ヨーロッパ家庭料理のエッセンスを交えたお店でした。

そういえば、私たち家族が客として初めて訪れた時は、私はまだ子どもだったので、彼女は「お子さんには仔牛の料理が食べやすいと思います」と言って、メニューに載せていない「ビーフストロガノフ」をわざわざつくってくれました。

それはもう絶品で、その後もわが家はメルヘンヒュッテへ出掛けるのがとても楽しみでした。

また、家庭料理とはいえ、料理の下ごしらえや調理の仕方はこれ以上ないほどに丁寧でした。料理に使う野菜は、スライサーを使わずほとんど包丁で切りましたし、肉も専門店から塊で仕入れ、各部位に切り分け、機械でミンチにするこだわりようです。屋敷の裏庭ではハーブも育てていました。

おいしい料理をつくるだけではなく、彼女は環境的な配慮から、〝ゴミを出さない調理〟も実践していました。食材を余すところなく使い、野菜の皮なども調理する。その姿勢に感動し、以来私も極力無駄のない調理を心掛けるようになりました。

「信じられるのは自分だけ」という教え

メルヘンヒュッテには、私を含めて数名のアルバイトがいました。調理は基本、奥さまがひとりでやられ、私たちがお手伝いをするという形でした。

私以外の人たちは、大学卒業後から結婚までの期間を自宅で過ごしながら、花嫁修業のような感覚で、たまにメルヘンヒュッテをお手伝いしているような印象を持ちました。

私は一番年下でしたので、皆さんには随分親切にしていただきました。日替わりで2名ずつお店に出ていました。私服にそれぞれ自前のエプロンをつけた姿で働きます。事情を知らない方には、外国人夫妻のお宅のお手伝いさんのように見えたかもしれませんね。

お店は店主ご夫妻の自宅を兼ねていました。元々は某企業社長の別荘として、大正時代に建てられた平屋の日本家屋でしたが、リビングルームには大きな暖炉を設《しつら》えた和洋折衷の造りでした。

清潔好きな奥さまらしく、掃除にも余念がありません。

曜日ごとに場所を変えて徹底的に磨き上げるのも、アルバイトの仕事です。しかし彼女は大らかに「自分のやりたい場所の仕事をしてください」と私たちに言いました。「好きな仕事をしたほうが効率が良いから」というわけです。

強制的ではない環境はとても居心地よく感じ、足りないところを皆で補いながら楽しく仕事ができました。

奥さまは私たち、そしてご夫妻の賄いにとても力を入れていらっしゃいました。西洋料理はもちろん、和食や中華料理、何をつくっても彼女の料理は絶品で、賄いの域を超えていました。

料理で季節を感じることも忘れません。秋になれば栗ご飯を炊いて秋刀魚を焼く。冬には土鍋に竹皮を敷いて豚の角煮をつくるので、厨房に八角の良い香りが漂います。ピザも生地からつくるこだわりようでしたね。こうした賄いのつくり方も、私たちに惜しみなく教えてくれるのでした。

またどんなにお客様が多い日でも、ご夫妻と私たちのティータイムは忘れません。しばしリビングルームの暖炉の前のソファに座り、彼女の手製ケーキと紅茶をいただきました。

奥さまの口から、「お客さんも大事ですが、貴女たちはとても大切です」と聞いたことがあります。とても大切と思われていることが、居心地よく働くことができた理由でもあり、時には口に出して伝えることが必要なのだなぁと感じました。

そんな奥さまから学んだことは「信じられるのは自分だけ」ということです。

彼女は祖国のベルリンで、幼い頃から舞台女優として働き、母とふたりの生活を支え、来日してからは旦那さまとの生活を支えて、ひとりでお店を切り盛りしていました。

旦那さまの希望で、一時期地方に支店を出したこともありましたが、経営不振で多額な負債を抱えて奮闘したことも……。ご自分を信じていなければ、ここまでできなかったかもしれません。

この教えは、彼女の強さの表れなのだと私は受け取りました。私は強くないので、つい誰かを信用してしまいます。しかし自分を含めて、人の気持ちは移ろうものです。人を過信するのは危険なことだと、最近は特に痛感しています。

メルヘンヒュッテで料理を覚えて、自宅で再現することもまたアルバイトから派生した楽しみでした。わが家には、そのような奥さまから譲り受けた料理の数々が、定番料理として現在も食卓に上がります。リンゼンスープ、カボチャのピクルス、チキン・ア・ラ・キング、リンゴケーキ……。それらはいつしかわが家の味になり、メルヘンヒュッテの懐かしい想い出をよみがえらせてくれます。

就職を諦めた悲しさと自由への憧れ

短大2年生の頃から通い始めた鎌倉山のメルヘンヒュッテでのアルバイトは、卒業後も続けましたが、一方で私は就職したい想いも強く持っていました。栄養士免許を取得し、その資格を持って就職するはずでした。

学生時代の栄養士実習先で唯一選択せずにいた、一般企業の栄養士に私は興味を持ちました。ほぼ自宅と大学の往復の狭い社会で生きていたので、企業という環境のなかで働くことにより、ビジネスマナーやコミュニケーション力を身につけたいと思ったのです。

自宅から通勤可能な、従業員数千名の企業の試験を受けて、内定もいただきましたが、この就職は叶いませんでした。「女子は家に居たほうがいい」という父から、就職することを反対されました。母の病状に加えて祖母が後期高齢者となり、父は私に本格的に家事を担うことを望んだのです。

目標を持って学んできて就職先も決まっているのに、それが断たれる――。

その悲しさは言葉では言い表せません。でも現実は、私を家に引き留めるのです。せめてアルバイトだけは続けさせて欲しいと頼み、その後もメルヘンヒュッテには通い続けました。

今思うのは「なぜあの時、父の言い分に従ってしまったのだろう」ということです。「親の言いなりになった」と苦々しい想いを抱き続けるくらいなら、自身の意志を突き通せばよかったのです。あるいは家出することもできたかもしれません。

しかし当時は「病気の母がいる。その母を看るのは家族の役割。私しかいないのかもしれない」という諦念のようなものに負けたのでした。

「ヤングケアラー」という言葉がありますね。

若くして家族の介護を尽くし、自らの人生を犠牲にする人たちです。その自由のなさを問題視し、なんとか彼らを救おうとする世論も高まっているようです。良いことかもしれません。

なぜなら、私のようにいつまでも心の片隅に、親に対するくすぶった気持ちを抱えて生きていくことは辛いことだからです。家族は私を自由にしてくれた、自由を謳歌《おうか》するあまり失敗しても笑って見過ごしてくれた――。そんな経験が、親への感謝や自己の自信に結びつくのかもしれません。

その機会を逸す人が多くいるのならば、それは家族の、そして社会の損失になるのではないでしょうか。だからこそ、圭にはできるだけ自由でいて欲しいと感じました。その想いが、現在の圭を形成するひとつの要因になっていたら嬉しく思います。

ラブストーリーは突然に ～夫との再会～

とはいえ、人生には突然に転機がやってくるものですね。

家事にアルバイトに忙しく、なかなか自分の余暇を持てなかった私が、久しぶりに出掛けた時のこと。後に結婚することになる夫とばったり再会しました。互いに直ぐに気づいて声を掛け合いました。

ちょっと変わった印象の学生だった夫も就職して2年目になり、地方公務員として働いていました。

工学部建築学科を卒業し、都市計画事業に携わる金融機関で働こうと考えていたところ、もっと大きな視点での仕事に携わりたいと思い立ち、土壇場で公務員試験を受けたようでした。

後に都市計画のビッグプロジェクトに関わる部署で働くことになるのですが、再会した時の彼は、某市役所の建築課に在籍していました。

私の現況も聞かれたので説明すると、「ドイツ料理か、それはいいなぁ」と興味を示し、「今度、食事に行ってもいい？」と真顔で言いました。

この時の彼の反応に、私は少し意外性を感じました。

なんとなく「学生時代のバイトの続きなのね……」などと、軽くあしらわれるような気がしたからです。

「この人は、学歴や職種などで人を判断しないのかもしれない」彼の価値観みたいなものが瞬時に垣間見えたような気がしました。互いに「もっとちゃんと話がしたい」という気持ちになり、連絡先を交わしました。

その頃の私たちは、付き合う人とは未来へ繋がる関係性を築きたいと考えていたので、「価値観が似ている人がいいなぁ」と互いに思っていました。

彼はその点、マイペース過ぎる部分はあったものの、固定観念を持たないような気がして、居心地のよさを感じました。また、彼の堅実な人柄もリスペクトするところでした。

一方彼は私に「おっとりしたお嬢さん」という印象を持っていたようですが、料理や家事を素早くこなす様子を知り、「そのギャップが面白い」と感じたようでした。

そんな私たちの共通点は、人の話をよく聞き素直に受け入れるということでした。

メルヘンヒュッテのアルバイトは、閉店して片付け、夕食をいただいてから退勤です。再会後は、私の仕事が終わる頃に、お店に彼から電話が掛かるようになり、車で迎えに来ては、私を自宅に送り届けてくれる日々が続きました。

何度も迎えに来てくれるので、奥さまともすっかり顔馴染みになりました。彼女は私に「彼はいい人です。ぜひ結婚してください」と言い、彼にも「ちょっと食べていきなさい」と、おいしいスープを度々ご馳走してくれました。

平日夜の束の間のデート。コーヒー好きな彼は私を送りながら、葉山の自家焙煎珈琲店『Cafeもうひとつの風景』（現在閉店）によく連れて行ってくれて、ブラックコーヒーのおいしさを私に教えてくれるのでした。

週末には、美術館や海に出掛け、一緒にマリンスポーツを楽しみました。

そんな風に交際を続け、２年経った頃、私たちは結婚しました。

『メルヘンヒュッテ』は　わが家の味の原点

本文中に何度も出てくる鎌倉山のドイツ家庭料理店『Märchen《メルヘン》 Hütte《ヒュッテ》』。

私が子どもの頃に家族で出掛け、その味のとりこになりました。やがて短大生になり、友人の紹介でアルバイトをすることになり、とてもご縁を感じます。

深い緑の中の一軒家は、そこにいるだけで時間が止まったように落ち着きます。

奥さまがつくる素朴でありながら味わい深い料理は、訪れる人に元気と幸せを与えてくれたように思います。

あのような料理をつくりたい、と強く願っていた私に、奥さまは喜んで教えてくださいました。それらはわが家の味のベースにもなっています。

人の味覚はそれぞれ異なるので、細かい分量などは示しておりません。

どうぞお好みの味に仕上げていただきますように……。

「幸せは連鎖する」と私は感じています。お伝えすることで、皆さんが幸せな気分になっていただけましたら、私も幸せです。

お伝えしたい!

幸せのメニュー

ザワーブラテン

・牛モモ肉の塊に塩、胡椒をして所々にクローブを刺す。

・月桂樹や野菜のクズ（玉ねぎ、人参、セロリ葉等）と一緒に白ワイン、水、酢のマリネ液に２～３日ほど漬け込む（冷蔵庫で保存）。

・フライパンにラードを入れ、肉のまわりに焦げ目をつけたら一度取り出す。

・フライパンに残った油で小麦粉を茶色くなるまで炒めたら、鍋に移してマリネ液を少しずつ加えてダマにならないように伸ばしていき、肉を戻し入れて煮る。

・肉が煮えたら再び取り出す。鍋のソースを漉しグレービーソースをつくる。
※このソースはリンゼンスープに加えてつくると、とてもおいしくなります。

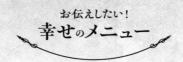

お伝えしたい！

幸せのメニュー

リンゼンスープ（レンズ豆のスープ）

・レンズ豆は一晩水につけておいてから柔らかくなるまでゆでる。
・ベーコン、野菜（人参、玉ねぎ、じゃがいも、セロリ等）を豆と同じくらいに小さく切り、鍋に入れてラードで炒める。
・レンズ豆も入れて小麦粉を振り入れてよく混ぜる。
・牛のブイヨンスープ、赤ワイン、塩、胡椒を入れて煮る。
※あればザワーブラテンのグレービーソースを入れるとおいしい。
※好みで食べる時に酢を入れる。

2章

「自由」それは素敵なハーモニー

優しさに包まれた海辺での暮らし

大学のサークルで出逢った夫と私。偶然の再会から意気投合し、結婚に至ったのは1990年です。

さて、挙式はどこでしょう……。互いに生まれ育った湘南、鎌倉がいいねということで「八幡様にしましょう」となりました。

鶴岡八幡宮《つるがおかはちまんぐう》は、私がお宮参りから七五三までお世話になった神社です。気の早い私の母が既にドレスを用意していたため、夫と共に洋装での挙式となりました。

挙式後はウエディングドレス姿のまま、友人たちと一緒に参道を歩いて、披露宴会場のフランス料理店『ジョージ＆レイ』（現在閉店）へ向かいました。

前日が嵐だったとは思えないほどの晴天。暖かな冬の一日でした。

会場では私たちもおいしいジビエ料理を堪能し、ウエディングケーキのクロカンブッシュ（フランスの伝統的なお祝い菓子）を皆で分け合い、フランクで楽しいパーティーとなりました。

新婚生活は三浦海岸でスタートしました。海がすぐ近くにあり、三浦はマグロでも有名です。毎日のようにお刺身やタルタルなどをつくって食べました。三浦野菜も新鮮でおいしく、食にはとても恵まれていましたね。夫は鶏肉が好物なので、私はメルヘンヒュッテ直伝のメニューもよくつくりました。チキンフリカッセ、チキンカチャトーラ、チキン・ア・ラ・キング……etc.

早朝から夫のお弁当づくりにも精を出しました。彼はいつも「おいしかった！　ありがとう！」と、容器をきれいに洗って持ち帰ってくれました。この頃は、まだ土曜日が半日出勤でしたので、駅で待ち合わせて海岸へ行き、持参したおにぎりをよくふたりで頬張ったものです。懐かしく幸せな想い出です。

平日は毎日夫から、お昼休みと夕方の帰宅前に「僕だよ。大丈夫？」と電話が入りました。実家暮らししかしたことのない私が、慣れない場所で過ごしていて「寂しがっていないか」と気遣ってくれたのでしょう。少し緊張しながら始まった新しい生活は、夫の優しさに包まれた日々でした。

アラ、びっくり！ 蓋を開けたら男の子？

年末に挙式した私たちは、夫の仕事柄まとまった休みを取ることができず、ハネムーンは先延ばしとなりました。旅行先は夫の希望で、スペインのバルセロナに建築物を観に行くことを予定していました。

年が明けて、そろそろ旅行の計画をと思っていた矢先の2月14日、バレンタインデーに妊娠が判明したのです。嬉しかったですね。わかった瞬間、一緒に居た夫の目から大粒の涙がこぼれました。

「感動だよ。今まで生きてきた中で一番嬉しい!!」そう言いながら彼の頬を止めどなく涙がつたいました。日ごとに大きくなるお腹に、ふたりで話しかけたりなでたりしながら幸せな気持ちに包まれました。

夫も私もお腹のベビーを、なぜか女の子だと思っていたので、妊娠判明の瞬間から「華《はな》ちゃん」と名付けて呼び、フリルのついた洋服も用意しました。

ところが、7か月健診の時に男の子とわかります。ふたりとも目が点です。フリルのついた洋服を着せる夢は消えましたが、エコー検査の画像に写るベビーの姿に、私たちは釘付けになりました。

出産予定日が近づくにつれ、ハッキリとしていくベビーの顔立ちに「大きな目！可愛いなぁ！」と夫はとてもはしゃいでいました。「どんな男の子だろう……」と夫婦で息子の誕生を待ち望みました。

いよいよその日の朝に陣痛が来ました。「夫立ち会い出産」を希望してセミナーにも参加していた夫と共に、車で病院へ向かいます。初産なのでなかなか直ぐには産まれません。ようやく分娩室に入ったのは夜でした。学生時代に長距離ランナーだった夫は、私の手を握り「頑張れ！　あと5キロだ！」「もうすぐだ！　3キロ！」と私を励ましてくれましたが、自然分娩なので本当に痛く、私は密かに「耳元で大きな声を出さないで欲しいなぁ」と思いながら、必死に息みました。約半日がかりで圭は産まれました。10月5日、3605グラムのビッグベビーでした。

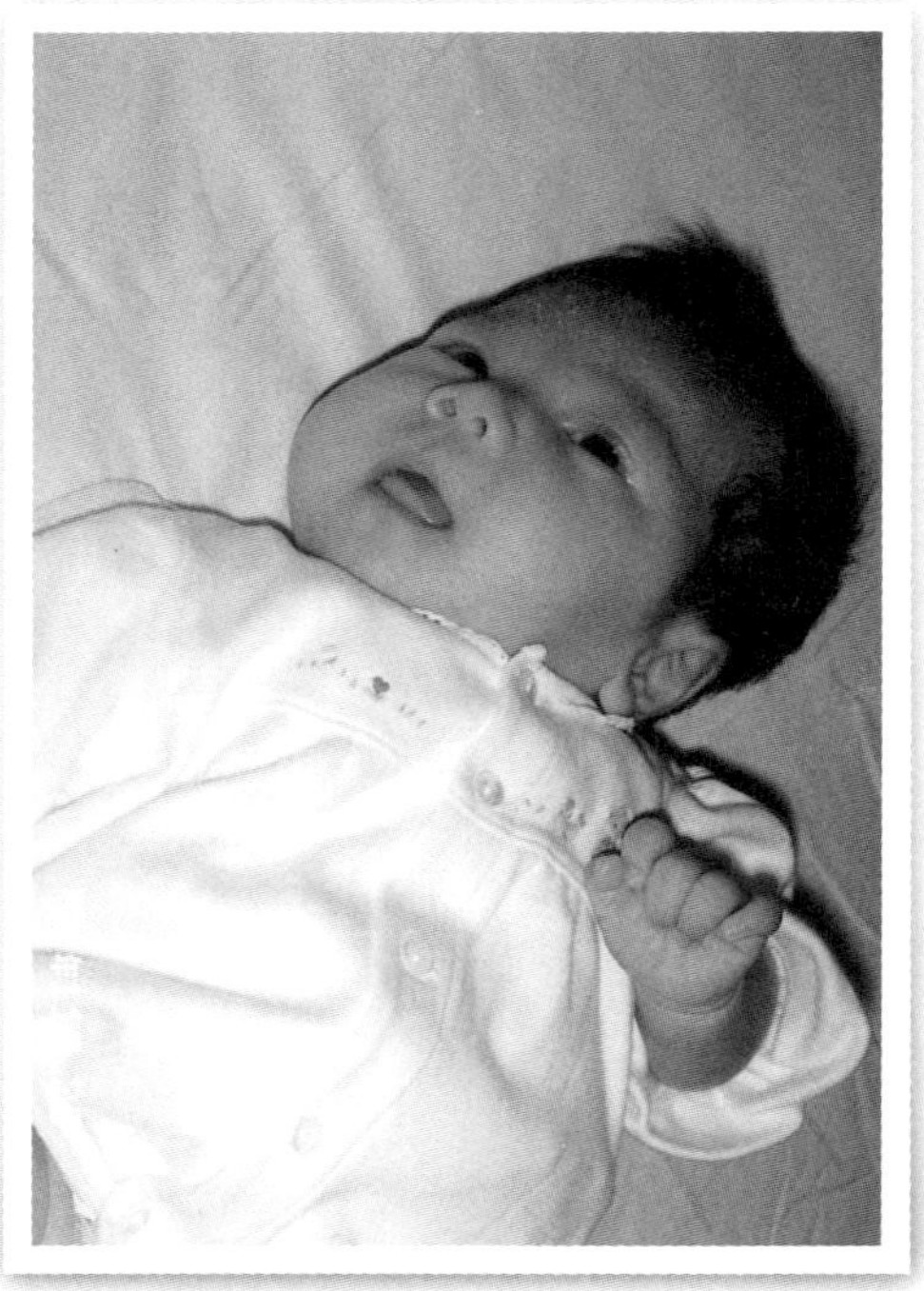

圭の誕生、幸せな気持ちに包まれて

「潔い人」の意味を持つ「圭」と命名

女の子の名前は決めていたけれど、男の子はどうしよう。夫は「完（カン）」「圭太郎」を提案。夫婦共にサザンオールスターズの大ファンなので、桑田佳祐さんの名前からいただいて「佳祐」にしようか……。あれこれ悩み、姓名学に詳しい知人に相談したところ「圭」が良いと。夫は「圭」という名前に、潔《いさぎよ》く人生を歩んで欲しいと願いを込めたようでした。

圭は、それはもう可愛くて、抱き癖がつくことなど気にしないで一日中抱いていました。夜泣きはしますが、お昼寝もよくする。静かで、あまり手のかからないベビーでした。寝返りもハイハイも順調でしたが、この時期からわが家の人と比べない「自由」な生き方が始まっていたのかもしれません。

トイレも言葉もまったく教えずに過ごしていたら、いつの間にか圭が「トイレに行く」と主張するようになりました。

育児書は買わず、祖母に教えられた『三つ子の魂百まで』（幼児期の性格は歳を取っても変わらないこと）を大切に、圭のペースに合わせて、毎日歌いかけをしながら、のんびり過ごしました。

そして圭が2歳の時に夫は東急東横線沿線のマンションを購入しました。私はTシャツで過ごせる気楽さから、地元湘南辺りの賃貸物件が良いのでは？　と提案しましたが、東横線沿線は閑静な町並みが多くて住みやすいという夫の意見を尊重しました。

国際色豊かなホームメイドの味が好き

生まれて間もなくの頃、圭は母乳と粉ミルクの両方をよく飲みましたが、離乳食期に入ると、食べ物を受けつけないのです。お粥《かゆ》は一切食べません。パン粥もダメです。主食に困り、メルヘンヒュッテの奥さまに相談しました。

「ドイツではマッシュポテトで育てます。ボイルしたじゃがいもをつぶして、スープで溶いたものをあげてください」と、そしてドイツプディングもすすめられました。

本来のレシピから、生クリームやバターは控えて、お米を柔らかく牛乳で煮て、フルーツを加えてもいいですね。甘めのミルク粥みたいなものです。
圭はこれらをよく食べました。メルヘンヒュッテの奥さまには、シンプルながら、いつも素晴らしいことを教えていただきました。

わが家では、食べ物はできるだけホームメイドを心掛けていました。そのこだわりは、それぞれの実家の共通点だったように思います。夫の母も料理が上手で、味噌も手づくりしていました。そのせいか、夫の舌は肥えていたように感じます。
夫自身も、よく料理をつくっていました。エスニック料理が得意で、タイカレーや炒飯などが定番でした。夫がつくる炒飯は、圭も大好きでした。

食が細いほうだった圭は、幼稚園から小学校までは食べる量が少なく、お弁当は他のお子さんの半量くらいでした。ただ、フルーツは大好きです。特に桃が大好物。家に桃がある日は、朝から晩まで桃のことしか考えません。

幼稚園で放課後に友達に遊びに誘われても「圭ちゃん、帰るの。お家《うち》で桃が食べたいの」と言います。執着心が強かったですね。

その頃は好き嫌いも多く、生クリームやアイスクリームなどのコクのある食べ物を好みません。ゼリーやシャーベットは大好きでした。

圭が生まれた頃から、私の母の具合は徐々に落ち着いていきました。私の実家に遊びに行くと、圭のために搾りたての生ジュースや、フルーツを使ったフランなどのお菓子を焼いてくれました。そういえば、圭は母と味の好みが似ていたかもしれません。初孫でしたので、母も嬉しかったのでしょう。

超お気に入りは『メリー・ポピンズ』

幼い頃の圭は、好き嫌いがハッキリしていたと思います。

好きなことしかやらないのです。好きなことなら集中してやり遂げます。非常にわかりやすい子どもでした。

圭が2歳の時、ディズニーのビデオセットが景品で当たりました。7～8本のビデオがセットになって届きました。特に『メリー・ポピンズ』が圭のお気に入りです。この物語だけが実写版でした。一日中繰り返し、何度も観ていました。

挿入歌が大好きで、直ぐに覚えて踊りながらビデオ通りの発音で口ずさむのです。楽曲名にもなっている『スーパーカリフラジリスティックエクスピアリドーシャス』は、舌を噛みそうな言葉ですね。

曲を作ったシャーマン兄弟は、この曲に「子どもたちに、新しい言葉を覚えてもらいたかった」という想いを込めたようです。なるほど、リズミカルで一度聴いたら耳に残りそうな言葉かもしれません。ハマったお子さんも少なくないと思いますが、いかがでしょう。

この言葉は作品の中で、「何も言うことがないときに何か言うこと」として使われています。その発想はなかなか魅力的だと私は感じます。

大人だってそうなのですから、子どもにも何かを口ずさみたくなる時や、自分のテンションを上げたくなることもあるのかもしれません。圭を眺めていて、私はそのような解釈をしました。

そんな圭を見ていた夫は、「もっと英語を話したいのかもしれないな……」と感じたのでしょう。自宅でレッスンができる英語の教材を買ってきました。圭が2歳半の時です。夫の予想通り、圭はますます英語にハマっていきました。「それなら英会話教室はどうだろう」と、幼稚園に入る前から、夫は圭を英会話教室に連れて行きました。

英語に関して、圭はとても集中力がありましたね。私の母は「英語は耳から」と言っていましたが、覚えようという意識よりも、耳が勝手に発音をキャッチして、気づいたら音楽のように記憶しているのかもしれません。圭を眺めていたらそんな風に見えました。教室では学ぶというよりも、いつも楽しそうに遊んでいました。

友達と遊ぶこともありましたが、どちらかといえば、圭はしたいことをしたいようにひとり遊びをするのが好きでした。『リブロック』を心ゆくまで組み立てたり、黒いゴミ袋を切ったり貼ったりして、怪獣の形にしてみたり……。そういえば公園デビューもしたことがありません。公園に行きたいとせがまれたこともありません。自分の感性に従い、表現することを幼いながらに知っていたのでしょう。

「知らないことを前提」に物事を考える大切さ

この本をつくるに当たり、「圭はどのように育ってきたか」をじっくり考えてみました。すると「リベラル」が結論だと思えたのです。

人は生まれた時から表情や声などで、自分の意思を自由に伝えます。やがて成長し、自分の想いを言葉で表せるようになってきた頃から、私は圭を「できるだけ眺めていよう。倒れそうな時だけ手を差し伸べよう」と思うようになりました。これは夫の方針でもありました。

前述したように、私は人生の大事な節目を、自由に決めることを禁じられた経験を持ち、仕方のない理由はあるにせよやはり大きな苦痛でした。だからこそ、圭にはできるだけ自由でいて欲しい。

実際、圭はおとなしい子どもでしたが、決して人の言いなりになる性質ではありません。自由に、そして自分で考えて行動する子どもでした。兄弟がいないことも影響しているかもしれませんが、ある程度、自分の中で、解決する習慣がついているようにも見えたのです。

成長するとともに、相談してくることもありましたが、私では頼りにならないのか、「あ、そう。それはあなたの意見ね」と言われてしまうこともありました。

子どものくせに親に対して生意気と思いますか？ そんなことはないのです。

「とりあえず聞いてみたけれど、自分で考えるよ。ありがとう」という感じなのね、と私は受け取りました。小さい頃からそういうマインドのある子どもで、自身の考えを常に持っていました。感情を爆発させたり、「おもちゃを買って！」と、デパートの床に大の字になるようなことは皆無でした。

身体はデリケートなほうで、よく風邪を引いていました。高熱を出して熱性けいれんを起こす度に、夫も私も生きた心地がしませんでした。そんなこともあり、よけいに「元気に育ってくれさえすればいい」という気持ちになったのかもしれません。

2歳の時に風邪をこじらせて肺炎になり、1週間入院したことがありました。その時も見舞いに来た家族に、点滴のチューブを指して、「これはこうしてないと抜けちゃうから気をつけるの。つけていても痛くないの」と圭は説明していました。「早く帰りたい」と駄々をこねることはなく、「病院は静かにするところね」と言っていました。


夫は圭が幼くても、それなりに言葉を選び、事柄について丁寧に気長に理屈を説明しました。それが習慣となり、圭は理解さえできれば、穏やかに対応する性質を持つ人へと成長したような気がしています。

また夫は、「人の数だけみんな意見が違っていい。違うから面白い。いつも知らないことを前提に物事を考えることが大事」と言い、それが夫のスタンスでした。

夫は「わが家は3人家族だから、少なくとも3通りの考え方や意見を交わすことができるね」と言い、圭には「自分と違う考え方を知ることは興味深いことだと思わない？」とよく話していました。

時折私が、夫の意見に「賛成！」としか言わないと、「それでは面白くない。君には君の感じ方があるはず。どんなことでもいいから伝え合おう」と言うのです。特に圭の思考や言葉に、夫は「圭君、いいね！　面白い！」と言いながら、いつも一目置いていていました。

子どもにとって、どのような時にも自分の考えや発言を否定されないのは、安心できる環境だと思います。このような夫のスタンスで築いた家族関係は、圭がリベラルに育つ上で、影響をもたらす要因になったのではないでしょうか。

『題名のない音楽会』に影響を受けて

圭が英語と共に興味を抱いたのは音楽でした。テレビのヴァイオリンの演奏を観ていた圭が「ヴァイオリンを弾きたい」と意思表示をしました。『題名のない音楽会』という番組を観た時です。

圭が庭に出て、ほうきと枝でヴァイオリンを弾く真似をしたのが始まりです。面白い発想ですよね。それがほぼ毎週、数か月間続きました。そんな圭を楽しそうに眺めていた夫は、ヴァイオリンを教えてくれる先生を探しました。

ヴァイオリンは先生のお宅で、マンツーマンで教えていただきました。私より一回り以上年上の女性の先生に、圭は大きな影響を受けたようです。

3歳になると、話す言葉に接続詞や助詞が加わり、コミュニケーション能力が育つ時期でしたが、圭は決して言葉数が多いほうではありませんでした。成長には個人差がつきものです。回らない口で、卵のことを「かかも」と言ったりしましたが、むしろそれが可愛くて、夫も私も直そうとも思いませんでした。

そんな圭は、ヴァイオリンのレッスンを受ける度に、先生の言葉遣いと同じようになっていきました。先生は「〜しなさい」という指導ではなく、「圭ちゃん、弓を持つお指をもう少しまぁるくしたほうがいいんじゃないかしら」と常に柔らかな物腰で接してくれました。

なので、圭も欲しいおもちゃがある時には、「これはお家《うち》で遊べるんじゃない？　買ったほうがいいんじゃない？」と穏やかに自分のやりたいことを主張するのです。その言い方は、優しい印象の言葉を遣いながら、とても説得力があり、夫や私はその度に真剣に受け止めました。大人に囲まれた環境でしたので、人の気持ちの動かし方が、早い時期からわかっていたのかもしれませんね。

ヴァイオリンの発表会は、３歳から毎年行われました。曲の途中で間違えても、少しも慌てずにマイペースに弾いていました。家族でリスペクトするピアニスト、フジコ・ヘミングさんの言葉「間違えたっていいじゃない。機械じゃないんだから……」を地でいくような子どもでした。

チェストの上のフジコさんの自筆画には、幼き圭へのメッセージが刻まれています。

フジコさんのご冥福を心よりお祈りしています。

いつもニコニコ笑顔でマイペースな圭

夫はもとより私も圭には無理強いしたことはありません。怒って親の言う通りにさせよう、というつもりは毛頭ありません。自分がされて不快に感じたことは、繰り返したくなかったのです。そもそも期待しなければ腹の立つことなど何もないのです。

圭はとてもマイペースに育ったように思います。幼稚園でスモックから制服に着替えて帰る時も、3年間着替えは遅いままでした。幼稚園の先生が大好きな圭は、「先生にやって（手伝って）いただいたの」といつも嬉しそうにニコニコ顔でした。

運動会では「よーい、ドン！」で走り出しても、ビデオを構えた夫を見つけると立ち止まり、ニッコリ微笑んで手を振ります。夫も私も、それでいいと思っていました。この瞬間でしか味わうことのできない体験をゆっくり楽しもうという気持ちでした。

圭のペースを見守ってくれた、幼稚園の方針と先生方に感謝するばかりです。

そんな圭は小さい頃に、夫や私を「おとうさま、おかあさま」と呼んでいましたが、もちろん夫や私が強制したのではありません。

圭がようやく言葉を話し始めた頃に、私は体調不良でひと月ほど入院しました。そ

家族３人で江ノ島へ、圭は５歳になった

の間は、私の実家で両親が圭の面倒を見てくれました。

私の母が圭に「おとうさまといつも何して遊ぶの?」「おかあさまは圭ちゃんに会えなくて可哀想ね」などと毎日話しかけていたので、私が退院する頃に、圭はまだ回らない口で「おとしゃま、おかしゃま」と私たちを呼ぶようになっていました。

一度ついた癖は、面白いことにその後も続きました。私たちは「パパ、ママ」でも「とうさん、かあさん」でもなんでもよかったですし、敢えて言葉を教えず「圭が私たちをなんと呼ぶだろう」と楽しみにしていた節もありました。


小学生の時に、学校内の副科で習うピアノレッスンの先生からは、いつも圭は「坊ちゃん」と呼ばれ、穏やかな口調で教えていただきました。

大人になっても、普段の圭の言葉遣いに優しい印象を受けることがあるのは、ヴァイオリンの先生をはじめ、丁寧な言葉遣いで話をされる方々に可愛がっていただいたことが影響しているようです。

私の母は「言葉遣いは人のなりをあらわすもの」と言い、いつも心地よい言葉で話していました。大切な成長期に、圭が恵まれた環境下で過ごすことができたのは、とてもありがたいことと感謝しています。

すべての人生にはサウンドトラックがある

小学校は国立市にある音楽大学附属小学校（通称 音小）に進みました。このあたりのことはすべて夫が圭と一緒に決めています。わが家では、教育担当は夫が、身の回りのことや食事担当は私という役割になっていました。また家計についても夫が管理し、専業主婦の私は毎月の生活費用を受け取る形でした。

圭が大好きな音楽にたわむれながら感性豊かに過ごせればよいのではと、夫は音小への入学を提案したのです。学校見学に行った圭は、「僕、音小に行く！」と、すっかり気に入ったようでした。

公務員のお給料は周知の通りですので、私は私学への進学を少し心配しましたが、家計担当の夫の提案なので、ここは一任することにしました。

湘南の海に立つレストランは、私たちが結婚前から足繁く通ったデートスポットです。圭が生まれてからも年に何度か、家族で食事をしながらジャズやハワイアンなどのライブ音楽を楽しんだ、わが家の想い出には欠かすことができないお店です。

近い距離で、ドラムやギター、サックス、ピアノの演奏に触れることができて、圭はとても興味深く見つめ、聴き入っていました。夫や私は恋人時代を想い出し、それぞれにとって楽しむことができた素敵な時間でした。

夫も私も音楽が大好きです。互いが物心ついた１９７０～'80年代はテレビでも歌番組が多く、老若男女問わず皆が口ずさめる歌が多かったですね。

そして夫が運転する車で、いつも流れていたのはサザンオールスターズ。圭も幼い頃から自然と聴いて育ちました。中でもお気に入りの曲は『波乗りジョニー』。小学生の時には、東京ドームで行われたコンサートに、家族で大興奮！　アーティストの大きなコンサートに出掛けるのは彼は初めてでしたが、すっかりハマったようでした。大学生になると、わが家のお宝の「happy」と書かれたサザン限定ハッピを惜しげもなく羽織り、日産スタジアムでのコンサートに繰り出しました。

つい昨日のことのように想い出されます。圭がジャンルを問わず、さまざまな音楽を好むのは、このような体験からではないでしょうか。

アメリカのある作家が「すべての人生にはサウンドトラックがある」と言いましたが、まさにその通りと感じます。

ミュージカルもわが家は好きでした。曲に合わせて人が歌いながらパフォーマンスをすることに、圭はとても興奮していました。いずれは自分も何かを表現したいと思っていたのかもしれません。

6歳の時に、横浜港の氷川丸で開催されたハロウィンパーティーで、圭は『スター・ウォーズ』のダース・ベイダーに扮装して参加したことがありました。「ダ、ダ、ダ、ダーダダー、ダーダダー」と自ら歌いながら、赤いライトセーバーを高く掲げ、その年のベストキッズボーイ賞をいただきました。

パフォーマンスすることになんの抵抗もない圭を眺めて「楽しいなぁ……」と夫は呟いていました。（ハロウィンについては、その後も大学生までさまざまなキャラに

扮装して楽しんだみたいです）

息子がダース・ベイダーに興味を持ったきっかけは、幼稚園の友達のお父さんからスター・ウォーズの存在を教えていただいたことに始まります。それから今日まで、圭はハマり続けているようです。

「学びたい」気持ちと夫の自由主義

何も強制しないと同時に、夫も私も圭に「勉強しなさい」とも言いませんでした。音小では、『リトミック』や音楽はもとより、造形や英語、国語（詩や俳句）を本人は好んでいるようでした。

わが家の教育担当の夫は、「自分の好きなことで思い切り遊んだほうがいい。そういう時間を多く過ごせば、本人がやりたいことを見つけた時に、好きなことに向かって突き進んでいくようになるのではないか」という考えを持っていました。そんな夫は、学ぶことに興味を持たせるのも上手でした。

小学校で算数を学び始めた時のことです。圭に、「君は雨が降ると傘をさすでしょ。君と○○君と△△ちゃんもいるけど、傘は2本しかない。何本足りないかな?」と、問いかけながら、身の回りの生活から学ぶことを大切にしていましたが、当の本人は「僕が○○君と一緒の傘に入れば足りるんじゃない?」と相変わらずマイペースで、家族で大笑いすることも多々ありました。

音小では、音楽に関する授業が主ですし、自宅で楽器の練習も一日3~4時間していました。そうすると、まるで足りないものが欲しくなったかのように、息子は自然と勉強に興味を持つようになりました。

小学3年生になると圭は「塾に行きたい」と言いました。ただでさえ楽器の練習が大変です。その上勉強もとなると、小学生には荷が重いのではないか。夫は圭に「まず1教科学んでみようか。何がいいかな?」と尋ねました。

すると圭は「地理がいい!」。ちょっと驚きました。算数でも国語でもなくて地理。なんて渋いチョイスなんだ……。本人が学びたいというのだからと、夫は地理を学べる塾を探しました。友達が行くから、ではなくて圭の場合は「○○を学びたい」から塾に行きたいのです。

地理を学ぶクラスに入った圭は、水を得た魚のように日本の地図を覚え、テストで自分の掲げた点数に達すると、あっさり塾をやめました。塾からは他の教科をすすめられましたが、圭は行きませんでした。

面白いものですね。「勉強しなさい」と言わないほうが、かえって学びに興味を持つのかもしれません。この子に関しては、周りがあれこれ言わない夫の方針が合っているのだなぁ、と感じました。

後に圭は、学生時代や卒業してからも、自身で「学びたい」と思ったらのめり込むように勉強していました。

海外では自分の興味がある分野にスポットを当て、小学生の頃から自分で選択し、計画し、取り組むことを実践している国もあるようですね。

お伝えしたい！
幸せのメニュー

リンゴケーキ

・小麦粉とベーキングパウダー、砂糖、卵、バターを牛乳で硬さを調節しながら混ぜて生地をつくる。
・レモンの皮のすりおろしを加えて混ぜる。
・四つ切りにして皮を剥き、所々切れ目を入れたリンゴを１個分生地の上にのせる。
・オーブンで約１時間焼き、冷めたら粉砂糖をかけて仕上げる。
※生地にレモンの皮のすりおろしを加えるので爽やかな風味。
※１～２日経ったほうがしっとりとして美味。
※息子のバースデーケーキにも。

ドイツプディング フルーツソース添え

・牛乳、バター、塩、砂糖を鍋に入れて、煮溶かしたところにお米を洗わずに入れてかき混ぜながら米粒が大きくなるまで煮る。

・少しお米の芯が残るくらいで火を止めて、レモンの皮のすりおろしを加える。

・ふやかしたゼラチンを入れたらよく混ぜる。

・冷めたら季節の果物と泡立てた生クリームを加えてザックリと混ぜ、冷蔵庫で冷やし固める。

・テリーヌ型でつくり、厚さ7ミリくらいにカットしてフルーツソースをかけて食べる。

※離乳食用につくる時は生クリームやバターを控えて米を柔らかくなるまで煮る。

※フレッシュなイチゴ等の果物でソースをつくり、かけて食べる。

3章
料理をつくることは生きること

You'er everything ～愛しき人との別れ～

そのような私たちの生活が一変したのは２００２年の早春でした。

その頃、一級建築士の資格を持つ夫は、彼の実家の敷地内に私たち家族の家を建てることに希望を見出していました。東横線沿線のマンションは、将来自分が独立した時に設計事務所に使用したい、というのが彼のプランでした。

夫の夢にまでみたマイホームです。一つひとつこだわって自身で設計し、前年からほぼ1年近くかけて週末の度に実家に泊まり込み、地ならしなどの準備を整えて、地鎮祭を目前に控えていました。

しかし、地鎮祭を迎えることなく彼は亡くなりました。37歳でした。


大切な人が突然この世からいなくなる。

そのような体験をされた方もいらっしゃるでしょう。それはもう、世界にたったひとり、取り残されたような気持ちになります。思考回路がピタリと止まり、恐怖としか言い表すことができない喪失感に襲われます。すべてのもの、ことが止まったまま動きません。

私はひとりになると、部屋の隅にへたり込んで「こわい、こわい」と呟き続けました。自分がおかしくなったという感覚を持ちました。

圭はまだ小学生ですから、学校に送り出したり、食事をつくったり、親として最低限のやるべきことをしなければなりません。でも頭が働かず、身体に力が入らない。部屋の隅から動けない自分がいました。

当時は私の両親がサポートをしてくれて、圭はなんとか登校していたようですが、あまり記憶にありません。

私は食べ物も固形物は摂れず、液体しか喉を通りません。夫の好物の白米などを見る度に、涙が止まらない状態が随分長い間続きました。気づくと見えない夫に「どうしよう。どうしたらいい？」と話しかけていました。

「自由でいいんだよ。人生にはこれという正解はないから。やりたいようにやればいい」夫はいつも圭や私にそう言いました。けれど、夫には夫の考えがしっかりとあり、彼の考えに寄り添っていけば安心、と思わせてくれるものでした。なので、夫が長男として実家の跡を取る覚悟を固め、敷地内に家を建てたいという望みについても、私なりに応援していました。

「やがて自分が設計したマイホームを」という夢に向けて、働きながら建築士の資格を取得するために努力していた夫の姿は、私が一番近くで見てきたからです。

10年間、夫の導くままに過ごせば安心という習慣がつき、自分で何かを決定することすら忘れて過ごしていた日常が一変したのです。初めて自分の人生が無色になってしまった。そのような感覚に陥りました。

「自由にしていいんだよ」それが100パーセント現実になった時、私には恐怖しかありませんでした。彼なしで自由にするって、どうしたらいいのだろう……。

答えはまったく見つからず、考えると恐怖だけが押し寄せて動けない。うわ言のように「こわい、こわい」と言い続けて、私は鬱になりました。

ブランニューデイ（あたらしい日）

悲しみに浸る間もなく、バタバタと葬儀の準備は進みます。シンと静まり返る会場のなかで、圭がポツリと言いました。

「おとうさまの好きな曲をかけてあげたらどうかな？」

葬儀場で過ごした最後の2日間、私たち、そして参列していただいた数百名の方々は、サザンオールスターズの『ミス・ブランニュー・デイ』に包まれました。繰り返し、繰り返し、夫の魂へ届くように――。

思えばこの曲が発売された1984年は、夫と私が初めて出逢った年でした。「彼が好きだったイントロダクションの鼻歌も、もう聴けない……」そう想い出されて、私は涙が止まりませんでした。

圭ももちろん、心に大きな打撃を受けました。10歳にして父親を失った衝撃は、たとえ親子でも、経験のない私には計り知ることができません。そして申し訳ないことに、私が鬱になってしまったことで、圭は父親の死を悲しむ間もなく、私の心配をせざるを得ない状況になりました。瞬時に悲しみに浸れなかったことが、その後、圭の心の痛みを長引かせた原因になったのかもしれません。

その年の桜は、いつもより早く開花し、それは夫から「空を見上げてごらん」，というメッセージのようにも感じました。

圭は5年生になりましたが、新学期が始まっても、私は気持ち的にも体力的にも切り替えができず、うずくまったままでした。引き続き私の両親が一緒に過ごしてくれましたが、不安定さは収まることなく続きました。

そして2学期になると、今度は圭が食べ物を受けつけなくなりました。無理に食べるともどしてしまいます。固形物を一切口にできなくなってしまいました。

圭に「今、君はどうしたい?」と尋ねると、「おとうさまと過ごした鎌倉の海に居たい」と答えました。ウインドサーフィンが趣味だった夫は、幼い圭にボディボードを教えたり、よく親子でマリンスポーツを楽しんでいました。学校に事情を話して、しばらく圭は鎌倉で過ごすことになりました。

小学生の圭、湘南の海でボディボードを楽しむ

秋から冬にかけて、圭は鎌倉の私の実家に身を寄せました。私はまだ通常の生活ができなく、圭のケアもできない有り様でした。圭が低学年の頃より、何かとお世話になっている先生に相談すると、「人生は長いのだから、少しぐらい休憩しても大丈夫ですよ」と。この先生は夫のこともよくご存じでした。わが家の教育担当の夫は、仕事を調整して、息子の授業参観や個人面談などにも必ず参加していました。

だから先生は私たちのことを、余計に親身に案じてくださったのかもしれません。圭もその先生が大好きで、大学生になっても友達と一緒にご自宅を訪ねたり、折に触れ近況を報告していたようです。

夫と過ごした湘南の海が、圭の心を癒やしてくれたのかもしれません。少しずつ食欲が戻ってきました。まだ固形物が摂れなかった頃、最初に口にしたのがミネストローネスープでした。メルヘンヒュッテの奥さまオリジナルスープです。

一口飲むと、ジワっと身体に染み渡り元気が出ます。このスープを飲んだことで、圭は本来の自分らしさをだんだん取り戻していくようでした。

後に元気になった圭は、お茶碗に白米をよそい、それを持って朝早く実家近くの漁港へ行き、「シラスをください！」と言って生シラスを買います。白米にかけて、砂浜に座り頬張ったようです。小学生の男の子が何度もひとりで行くので、漁師さんたちは親切に〝即席シラス丼〟におしょう油もかけてくれたそうです。私は両親からこれらのことを聞き、息子の復活を確信しました。

それでもなお私自身は、ひとりになると部屋の隅で「こわい、こわい」と言い続けていました。

元気になった圭は、そんな私を見て、「一体何がこわいの？　そんなに家にこもってないで散歩に行こうよ！」と誘い出してくれました。まったく、どちらが親なのかわかりません。実家の周りを歩くとさまざまな自然に出合えます。海あり、小高い山があり、緑も多く、ふたりで散歩をしながら自然の息吹を感じました。

日ごとに移りゆく木々の葉の色や、風のざわめきに心を和ませてもらい、少しずつ体力をつけて私も「また、生きてみようかなぁ……」と思えるようになりました。

そんな矢先、私たちは海の近くの路地に迷い込み、一軒のアトリエと出合うことになります。

白いキャンバスに自由に自己表現しよう！

その後圭は、少しずつ登校できるようになりましたが、自分のやりたい「学び」についても挑戦するようになりました。ひとつは英語でした。圭は幼い頃にディズニーの英語の曲を繰り返し聴いていたことをきっかけに、英語に親しむようになりました。小学校はネイティブの教師による英語の授業も行われていましたが、やはり音楽が主体で、勉強については穏やかな指導のように感じました。

圭はもっと英語を学びたいという気持ちが強くなっていきます。本人の想いを汲み、英語教室を探して通うことになりました。

もうひとつはアートです。圭のためだけではなく、私も引きこもりにならないで、生活のリズムをつけるためにも習い事をしたほうがよいと感じるようになりました。

鬱の治療という目的もありました。

散歩の途中で見つけたアトリエに通い出したのです。絵を描いたり、造形することにとても興味があったので、それぞれに好きなことをして集中できる時間は必要でした。アトリエの「何を制作してもよい」という方針も、圭や私には合いました。圭は立体を、私は平面の制作が多かったですね。

ご自身のお子さんたちを育てたアトリエの先生は、私にこんな話をしてくれました。

「子育ては難しいし大変だよね。親が与えてあげられることはなんだろう、と考え込んでしまうこともあるし、何も与えられないと絶望することもあるかもしれない。でもね、親は子どもに白いキャンバスを与えてあげるだけでいいのではないかな。子どもはそれを、平面でも立体でもいい、好きに使って自己表現すればいい。つまり、親は強制せずに、子どものすることをジッと眺めていることが、僕は大事だと思う」

靄《もや》がかかっていた心がスッと晴れるような感覚になったのを、よく覚えています。

そうか、白いキャンバスか……。それなら私にもできるかもしれない。

「息子が白いキャンバスに自己表現するのを、私は眺めていればいいのですね？」

そう話すと、先生は「そもそも子育てに正解はないって思うんだよね」と。「子どもたちの作品は一人ひとりみんな違う。子どもたちが自分で想いのまま何かをつくることが面白いよね」

本当にそうだなぁと思いました。また、先生のお話に、夫の思考と重なるものを感じたことにも、私は安心感を持ちました。もう、二十数年前の話です。でも先生と話したこの会話は、生きていく道しるべになったので、今でも記憶に残っています。

圭は大学を卒業したあとも、時折アトリエを訪ねているようでした。

料理をつくることは生きること

当時はメルヘンヒュッテの奥さまも、独り身となった私のことを、随分と気遣ってくれました。その頃ご夫妻は、鎌倉山のお店を手放し、地方へ移住して細々と暮らしていました。

彼女はドイツ人で確たる考えを持っているので、このような言い方をしました。

「人が生きることと、料理をつくることは同じです」

最初聞いた時には「え？　どういうこと？」と思いましたが、先にアトリエの先生の話を聞いていたので、よく考えれば、先生の言うことと彼女の言葉は、そう変わらないと感じました。

料理はさまざまな素材を使って、無のところから自分らしいものをつくっていきます。味覚も人それぞれ違うので、正解はありません。料理をつくることと、人生を切り開いていくことは同じではないか？　と気づいたのです。

親ができることは、子どもの人生を先回りしてあれこれと用意することではなく、具合が悪い時に子どもの息づかいや泣き方で気づくこと。嗅覚、視覚、聴覚などで感じることが大切なのかもしれない。時同じくして、ふたりの「人生の先生」に、〝生きていく道しるべ〟を教えていただいたのでした。

夫が亡くなり、私は自分自身を失い、そんな私がこれから圭に何を与えてあげられるのだろう。私は夫ではないので、彼のようにはできない。答えが見つからず、闇の中でもがき苦しみました。でも完成した何かを与えなくていいのです。それは親のおごりなのかもしれません。

親は、子どもが自分で自由に描ける未来を見守ればいい。

そう思えるようになって私は立ち直ることができ、圭は以前にも増して、自身の未来を意志を持って切り開いていくようになったと思います。

Yes We Can! 挑戦することに意義がある

圭はその後、自身の未来をキャンバスに描く時、音楽ではない道を選ぶことになりました。音楽大学の附属小学校に通っていたので、中学・高校も楽器を習いながら、音大に進む選択もあったのかもしれませんが、たった10歳で、彼は自分の人生の舵《かじ》を大きく切りました。

「中学はインターに行く。英語を学んで海外へ行きたい」と、圭は言いました。

驚きました。

夫が亡くなり、わが家はひとり親家庭です。インターの学費が高めなことは周知の通りです。音大附属中学に進まないのなら、公立の中学校に行くほうが妥当なのではないか。

いくら「自身の白いキャンバスに自由に描く」といっても、経済的制限があります。夫がいたらどうするだろう……私は困惑しました。

以前夫から、「アメリカでは子どものうちから株を勉強し、経済の認識を高める」と聞いたことがありました。日本ではお金の話をすることに、あまりポジティブなイメージがないかもしれないけれど、アメリカでは「私（僕）はお金に興味がある」と明確な表現をする、とも聞きました。

もしも夫ならば、圭が中学生になるこのタイミングで、経済についても彼とじっくり話し合うのではないかなと思い、実践することにしました。教育担当ではない私の試みです。うまく話せるかわかりません。

私は圭に「（父親が）残してくれたお金を君と私で分けて、それぞれで自己管理するとしたら、君はどうしたい？」と尋ねると、「僕の分のお金でインターに行く」と彼は答えました。しかし中学・高校６年間インターに通えば、その大半のお金を失うことになります。

一応、最悪なシナリオも想定して伝えるべきか迷った末、圭に再び尋ねました。

「君の教育費用を君がどのように使おうと自由だけど、このお金は君が大人になるまでを生きるためのものだから、インターの学費にほとんどを使うことに不安はない？」

それでも圭は考えを曲げませんでした。もうこれ以上言うのはやめようと、私は決心しました。

夫は、子どもが何か物事を決定する時、親が口を挟まないことで、「たとえそれがうまくいかなかったとしても、そこから学ぶことがあるのではないか」と考えていたようでした。

それは子どもについてだけでなく、大人についても言えることなのではないでしょうか。私が圭のやりたいことを止めてはいけない、と思いました。

「何かにつまずくようなことになっても、圭はそれをバネにして力に変えるはず……」

そう夫に背中を押される気がしたのです。

5人の先生方とインターを目指す

進学先を自分で決めた圭ですが、そこには課題がありました。インターにも入学試験があります。夫亡き後、圭は学校を休んでいた時期もあり、また音大の附属小学校は音楽以外の学びは穏やかでした。

つまり、勉強が足りているか心配だったのです。

私は近くのK大学の学生課へ行き「家庭教師を探しているのですが、こちらの学生さんにお願いできないでしょうか?」と尋ねました。すると「ご自身でつくられた募集要項を掲示板にお張りください」という返事でした。

とても低価格の時給を提示したにもかかわらず、早速問い合わせいただき、週に数回、学生さんが来てくれることになりました。本当にありがたい想いでした。それから圭が小学校を卒業するまで、その学生さんから後輩の方々に引き継いでいただきながら、計5名の先生方にお世話になりました。

先生と一緒なら圭の食欲も出るので、お食事も出しました。おかげで私も料理する気持ちに張り合いが生まれました。

聡明で優しい大学生のお兄さん方は、時には圭を弟のように可愛がり、しっかりと学習力を植えつけてくれたと思います。関西出身の学生さんは私を「おばちゃん」と呼び、その親しみ深い響きがなんとも嬉しくて、とても癒やされたことを覚えています。今でも皆さんには、心から感謝をしています。

夏休みには、圭はインターのサマースクールに参加しました。そして幾つかある学校の中から、カナダ式の教育スタイルを特徴とする学校を進学先に決めました。

目標が定まると、英語の勉強にも一層力が入るように見えました。6年生の時には、英語検定試験の準2級に受かり、本人は少しずつ自信をつけているようでした。

父親を亡くし、一時期は拒食になり、学校にも通えなくなり、音楽の道に進むことにも見切りをつけた圭。「自分はどう生きたら良いのか……」幼いながらも模索し続けたのでしょう。

そうして出した答えが「広い世界で生きていく」ということでした。だからこそ、インターに進むこと、英語力を身につけることに自分の人生を賭けたのではないか。夫の死は、本当の意味で「己の人生を自力で切り開いていくこと」を、圭に教えてくれたように感じます。

私も一歩一歩、前を向いて進もう

圭が自分の足でしっかりと歩み始める頃、私も「いつまでも部屋の隅にいるわけにはいかない」という気持ちになっていきました。

夫に先立たれたのですから働かねばなりません。体力的にも、精神的にも少しずつ戻ってきているのを感じ始め、「何かしなければ」と意欲も湧いてきました。

とはいえ、短大を卒業してからアルバイトをしていたものの、大半が家事手伝いの日々でした。結婚後もずっと専業主婦で、ほとんど働いたことがありません。いきなり正社員の職を探して働く自信を持てず、それを考えると、また気持ちが沈んでゆくのです。

「無理せず、一歩ずつ進んだらいいよ」という周囲の勧めもあって、自宅近くの知的障害者作業所の創業者を紹介してもらい、そちらで有償ボランティアとしてお手伝いすることになりました。

現在は社会福祉法人になりましたが、今から二十数年前は創業したばかりで、まだ規模も今と比べて小さかったように記憶しています。その施設は、利用者さんたちがつくったアート作品を飾ったり、一般のアーティストも利用できるアートギャラリーや、自然食品を販売する店舗もありました。

私はギャラリーでは利用者さんたちの昼食づくりを、店舗では店内の食品を使ってお惣菜をつくる部門の仕事を担当しました。そもそも私は料理をつくることが大好きなので、この仕事なら私でもお役に立てるかもしれないと思えましたが、実際にやってみると、とても楽しかったです。

また、利用者さんたちとの交流は、私のほうが癒やされたり気づきもいただき、大変ありがたい想いでした。

「料理をつくることは生きること」

メルヘンヒュッテの奥さまの言う通りです。楽しく料理をつくるうちに、創造性も養われ、私はだんだん元気になりました。

既に創業者は亡くなられていますが、あの時、不安定だった私を救ってくださったことに、今でも感謝しています。

私は料理をつくって生きていこう。

「料理をつくることは生きること」だから。

今は亡きメルヘンヒュッテの奥さまの、大切な遺言となりました。

お伝えしたい！
幸せのメニュー

ミネストローネスープ（命のスープ）

・じゃがいも、人参、玉ねぎ、キャベツ、セロリは小さく角切りにする。
・鍋に油を入れニンニクの香りが出るまで炒めたら、野菜を加えさらに炒める。
・小口切りのソーセージ、月桂樹、ホールトマト缶、チキンブイヨン、水を加えて煮る。
・仕上がりの少し前に、短く折ったパスタとひよこ豆の水煮を加えて少し煮る。
・お皿に盛りつけみじん切りのパセリをパラリ。
※砕いたクラッカーも好みで入れる。
※具だくさんスープは息子の大好物。

ほうれん草とポテトのグラタン

・ほうれん草をゆでて適当な長さに切ってよく絞り、バターで炒める。
・塩、胡椒で味付けする。
・じゃがいもはゆでてから裏ごしして卵黄、バター、塩、ナツメグを混ぜて泡立てた卵白をさっくりと混ぜる。
・耐熱皿にバターを塗りじゃがいもを敷き、その上にほうれん草をのせ、上に残りのじゃがいもをのせる。
・おろしたチーズをかけて所々にバターをのせたらオーブンで30分くらい焼く。

4章
地に足をつけて生きるということ

インターはシンプル・イズ・ベスト

中学からインターに入学し、圭は気持ちがとてもラクになったように感じました。理不尽な校則などありません。圭の通う学校は、制服を着用する日と私服で良い日がありました。髪型もお化粧も自由。さまざまな国々の生徒がいるので、国の数だけの文化が存在します。

ベビーの時からピアスをしている生徒もいますし、その国々の宗教により、服装も若干異なります。食べ物の制限のある生徒もいました。違いを批判するのではなく、認め合う文化の中で、圭はのびのびと過ごしているように見えました。

インターの授業は、先生の話をひたすら聞く座学ではなく、先生もとてもフレンドリーで対話式の授業が常です。そして自分の意見を言わないと成績に響く参加型授業です。いつどんな時でも、先生に自由に質問ができます。

社会や文化、政治についても、先生と自由に議論できる環境ですし、ディベートやプレゼンテーションも多いですね。

しかし、規制がないかわりに、自主性が強く求められます。宿題が信じられないほどに多いのもインターの特徴ですが、やらない生徒を呼び出してやらせるようなことはないので、やはり自主性が試されます。

落第や退学も自己責任ですが、一方で成績が良い生徒は飛び級ができます。非常にシンプルでわかりやすい仕組みだと感じました。


当時は少人数の良さもあり、学校のイベントなどで保護者同士も仲良くなり、プライベートでもお付き合いをする機会もありました。付き合い方もとてもフランクで楽しかったです。

保護者は、自身の子どもだけではなく、子どもの友達も見守り、気軽に手を差し伸べ合うとても温かい環境でした。中・高生は親との関係が難しい時期もあると聞きますが、インターの親子は、皆さん仲良しという印象を持ちました。

親子で出掛けたりするのも当たり前です。恥ずかしがる人は少なく、互いに尊重し合う家族関係は、見ていて気持ちのよいものでした。

生徒たちは、両親のどちらか、あるいは両方が外国人というケースも多く、親が離婚した生徒や、再婚してステップマザー（義母）やステップファーザー（義父）を持つ生徒も少なくなかったようです。

「私（僕）のママ（パパ）はシングル（独身）だよ」という話も普通に聞こえてきました。なので、わが家に父親がいないことに引け目を感じる必要はありません。

どこの家庭でも、時として事情や環境が変わる可能性はあり得ます。

保護者は他の家庭のゴシップを意識するよりも、子どもたちを注目するスタンスなのだと感じました。

偏見や批判を気に掛ける必要がないのは、こんなにも過ごしやすいのだとつくづく思い知りました。

私が鬱から抜け出せたのも、息子が通う学校がこのような環境だったからかもしれません。

インターナショナルスクール時代の圭

また、我慢や忍耐が必ずしも美徳ではないことも居心地良く、前向きにチャレンジしていくことこそ素晴らしい！　そんな環境が圭を圭らしく育ててくれたのだと思います。彼は派手な格好をすることもありましたし、ハロウィンの時などは、張り切ってさまざまな扮装をしていましたが、根はとても真面目と感じます。

私が「もう少し髪の色を明るくしてもいいんじゃない？」「ピアスをしたければすればいいのに」と提案してみても、自分なりに判断し、「ここまではやるけど、ここから先はやらない」と線を引いているように見えました。

星に願いを～いつかまた出逢えたら～

そのように親しみやすい保護者のなかで、私がとても影響を受けたひとりの女性がいました。

彼女は、大学時代から産官学各界の会議で同時通訳として活躍され、また、海外の大物女優からの信頼も厚く、来日する際には通訳者として毎回指名されました。

彼女には幾つかの大学の教授や客員教授という顔もありました。退かれた後は、会社経営もしていたので、いつも細い両腕に大きなバッグを何個も提げながら、パワフルに動き回っていました。お子さんも何人かいて、ひとりの息子さんと圭が同級生でした。私たちは互いにシングルマザーでしたが、彼女は子どものそれぞれの個性を丸ごと尊重する、肝っ玉かあさん的なタイプ。

私はそんな彼女の生き方に、一人の母親としてとても憧れました。

保護者のランチ会で、彼女の口から、生徒たち一人ひとりの持ち味についての話題が出たことがありました。仕事が多忙で、学校行事にもなかなか参加できないにもかかわらず、ご自身の息子の友達の個性まで認識していることにも感服しました。

そんな彼女とは、九州を旅していた時に連絡をいただきご一緒したことがあります。それぞれに成人した息子と共にいたので、４人で九州での一夜を楽しみました。

現地では、彼女好みのアイリッシュ・パブを探して出掛けたり、カラオケで十八番のナットキング・コールの『Smile（スマイル）』を熱唱されたり……。

輝かしいキャリアを持ちながら、飾らないサバサバした性質の彼女は、ダイナミックな精神の持ち主だと感じました。

圭は何度か、その友達の家に泊らせてもらいましたが、後日必ず彼女から連絡が入り、「ケイは貴女のことを、いつも気に掛けているわよ」と、私を思い遣る気持ちも忘れない本当に素敵な女性でした。

ご自身がやりたいことを自由に学べる環境で育った彼女とは真逆な私ですが、彼女と出逢えたおかげで、さまざまな文化に触れて自身の幅が広がった気がします。

惜しくも彼女は闘病の末、10年前に天に召されました。

私は時折『The Little Prince（星の王子さま）』の本を開き、彼女を偲びます。

「The things that are most important cannot be seen with your eyes.」

『目には見えない大切なこと』に気づいてこそ、はじめて人と繋がることができる。

もしも生まれ変わることができる未来があるのならば、もう一度、私は彼女に出逢いたいと願い続けています。

自由な環境で養われた「自主性」

インターでは生徒の良いところを褒めて、得意でないことにはあまり言及しない方針に感じました。圭は元々、教科の好き嫌いがハッキリしているので、ますますそれが顕著になったのではないでしょうか。

インターは朝礼もありません。授業までに教室に居ればよし。登下校中に立ち寄る場所も自由で、制限は何もありませんでした。日本の学校の皆勤賞のように、休まないことを美徳とするのとは異なり、インターはどのような理由で休もうが追及されることはなく大らかに過ごせます。私の印象では、大学生活に似ていると感じました。学ぶ姿勢も息子を見ていてそう思いました。

勉強では、自主性を求められる課題が多いです。たとえばライティングの授業では、各自が興味あるトピックについて自身で雑誌をつくる、という課題が出されました。圭はいろいろとリサーチして、「食」についての素晴らしい雑誌をつくりました。

今私は素晴らしい雑誌と表現しましたが、インターでは子どもたちの良いところは、家族だけではなく、周りの人たちとも共有する文化でした。

それについて、「自慢している」などといがみ合ったことは記憶にありません。誰にでも長所があり、それを認めて讃《たた》え合うのがとても印象に残っています。そのような環境は、「自分の軸」で進んでいくタイプの圭には、非常に合っていたと思います。

一度、私の職場にインターの職員から連絡が入ったことがありました。「ケイが授業になっても教室に居ない」という内容でした。しかし私は仕事中なので、直ぐには学校に行くことができない旨を伝えました。

帰宅後にその話題になったところ、圭は「（進学する）大学が決まってホッとしたら、急に疲労感が出た。1時間だけコーヒーショップで休んでいた」と説明してくれました。「そうだよね。誰にでも疲れる時はあるよね。気分転換できて良かったね」と私が言うと、「仕事中にごめんね。これからは先生に断ってから行くワ」と圭。「ＯＫ」と私。わが家の会話はいつもそんな感じでした。

命に関わるような事態は別として、夫は経験から学ぶことを重要に捉えていました。このような時はこうしたほうが良いとか、この行為は損になるかもしれないとか、そういうことはできるだけ伝えないようにしていました。

自分もそうですが、人から説明されるより、自身が体験したことは忘れません。また、良識や常識といわれていることも、国や場所、環境によって異なるので、自分の思考をお手本のように人に伝えることはなるべく避けたい、という気持ちもあります。

憧れは亡き母のしなやかな強さ

私の実家は鎌倉でしたので、わが家からもそう遠くはなく、よく行き来していました。圭はことさら〝おばあちゃん子〟というほどではないけれど、家族のなかでは割と私の母と気が合っていました。

どちらもマイペースな性質ですからね。

今思えば、圭が英語に興味を持ったのも、母の影響が少なからずあったのかもしれません。母は英語を少しだけ話すことができたので、幼い圭に事あるごとに英語で話しかけていました。

圭も知らずしらずのうちに、受け止めていた可能性も無きにしもあらず。

おいしいものが大好きで、あちこちに圭を連れて行ってくれたのも母でした。

彼女の手料理のなかでは、ビーフストロガノフや豆乳鍋、バナナパンケーキが圭は特に好きでしたね。

母も幼い頃から、自分のことは自分で決めていたようです。この点もふたりは似ています。母は小学6年生の時に、突然「国立大附属中学校を受験したい」と言い出して、親を驚かせたといいます。附属中の頃から、自発的に英語の個人レッスンを受け、高校生になると和文、英文タイプをマスターしました。

その後は外資系企業や金融機関で働き、休日も仲間たちとスキーやダンスを楽しみ、とてもアクティブだったようです。そんな母が結婚して専業主婦になったのは、父の希望もあったとは思いますが、時代性も影響していたかもしれません。

私を産んだあとにリウマチ熱を発症。その後は徐々に身体が不自由になっていきました。元から細身の身体はさらに痩せ細り、手足の指も半分に縮み、40代の頃にはお箸を持つのが難しくなりました。私なら一歩も家から出たくないレベルです。

それでも母は「生きていることはなんて素晴らしいの！」といつも前向きで明るく、父の運転する車で地元の湘南をドライブするのが好きでした。

「誰にでも個性はある」「嘆いてみても過去は戻らない」「今を楽しく生きましょう」

これらは母の口癖でした。

人は何年生きていても、今何をして、どう生きているかが大切なのではないでしょうか。なぜなら、生まれる星の下は自身で選ぶことはできないし、過去は取り戻せない。だから他人のこれらについて詮索することは愚問だと、彼女から教えられました。

そんな母は外食をする時には、お店の方に「手が不自由なので、持参したスプーンを使わせていただきます」と説明して、友人につくってもらったマイ・カトラリーで食事を楽しんでいました。

飲みものをいただく際には、私たち家族がカップに手を添えてサポートしました。息子も幼い頃から彼女をサポートしていたので、「人にはそれぞれ違いがあるのが当たり前」「できないことは、できる人がサポートすればよい」ということが、自然と身についたのでしょう。母の介護靴のマジックテープをとめる加減など、家族のなかで一番圭が上手かったですね。

のちに授業の一環で、地域のボランティア活動に参加した彼は、「何も特別なことをしているわけではないのに、評価に繋がるのは不思議だね」と呟いていました。

また、母はとてもお洒落で、洋服にもこだわりを持っていました。

初夏に生まれた彼女は、紫陽花が好きで、幼い私によく紫陽花色のワンピースを着せました。アルバムには、ほのかな青みのパフスリーブのワンピース姿で、恥ずかしそうに微笑む私がいます。

命の限りを懸命に生きた母が亡くなったのは、私が40歳、圭が15歳の冬でした。

わが家の庭に咲く「ダンスパーティー」という名の紫陽花に、母の姿を重ねます。

桃色の小さな装飾花が、線香花火のようにキラキラと風に揺れる度に、彼女の笑顔を想い出します。母のしなやかな強さは、私の永遠の憧れです。

料理とアートフラワー教室の二刀流

圭がインターに入学する頃には、私は悲しみもだいぶ癒えてきました。家の近くのボランティアを続けながら、もう少し自分の活動の幅を広げようという気持ちになってきたのです。

インターの保護者の方々は、それぞれに仕事や社会活動をしていて、刺激されたのもひとつの要因かもしれません。

私も何かしたい。大好きな料理でもっと人様の役に立ちたい。圭や私が救われたこのレシピでどなたかを幸せにしたい。レシピを教えるために、料理教室はどうかしら、と思うようになりました。

私の気持ちを汲んでいただき、ボランティアでお世話になっている作業所の一角を借りて、利用者さんにも手伝ってもらい、メルヘンヒュッテの奥さまから受け継いだレシピをもとに料理教室を始めました。

後に、東京・表参道のレストランの一室を借りて開催したこともあります。料理は共にいただくドリンクで味わいが深まります。私の教室では、オーガニックのワインやジュースを自由にいただきながら、レクチャーするスタイルでした。

また、以前から習い続けていたシルクフラワー（布花アート）も師匠から許可を得て、教える立場になりました。絹やその他の素材の布をカットし染料で染めて乾かし、時には数千枚の花びらに一枚一枚表情をつけ、組み合わせて花に仕上げます。

教室を開いたり、都内のカルチャーセンターでイベントを開催したことも。そのご縁でデイケアサービスセンターでも、ボランティアとして10年間、利用者さんにアートフラワーを教えました。

当時は大作をレストランやバーに飾らせてもらったり、今はなき銀座松坂屋、信州や鎌倉のホテルやギャラリーでも、年に数回の展示会を開き、販売も行っていました。

しかし、こうした講師業だけでは、生活を安定させるのが難しい。夫の死後、私と圭に残されたのは、自宅マンションと夫自身が残してくれた金銭だけでした。

それでも雨露凌《しの》げる家があることにとても感謝しましたが、日々生活をしているので、お金もだんだんと目減りしていきました。今後も子どもの成長に合わせて何かと物入りにもなるでしょう。

ちょうどその頃、圭から提案がありました。

「健康保険証とか雇用保険とか、保障のあるところで働いたほうがよいのでは？　いつまでも収入が不安定だと心配でしょ」

精神的にも落ち着いてきたので、そろそろ就活してみようと私は決心しました。

老舗洋菓子店に勤務する〜正社員になって〜

私は短大を卒業した後も引き続きドイツ家庭料理店でアルバイトをしましたが、正社員として働いた経験がありません。就職先はやはり経験のある、飲食に関わる仕事を主に探しました。

そんな矢先、友人と東横線沿線にある洋菓子店に出掛けました。併設された喫茶室で、ケーキをひとつ口にすると、そのおいしさに感激し、思わず3つもいただいてしまったほどでした。

「こちらのケーキのおいしさを知りたい」「私もこんなにおいしいお菓子に関わる仕事をしてみたい」と胸躍らせ、働かせていただきたいと申し出ました。

当時の職場では、アルバイトで週に5日間（40時間）程度勤務すれば、健康保険証をいただけました。保険証の存在は、病気になった際に大いに役立ち助かりました。

男女含めて、従業員が50名近くの会社で働くことになった私は、社会の仕組みについても人生ではじめて学ぶことになりました。

私が担当した仕事の指導は、当時20代の可愛らしい女性社員が優しく丁寧に教えてくれました。また、勤続30年以上のベテラン女性社員からも、「貴女は素直だから」と言われてとても可愛がってもらいました。

何もかもが新鮮で、一つひとつ気づきを得ながら働かせていただきました。

実はもう一つ、この時期に就職したいところがありました。フレンチのお店です。そちらからは、私にスーシェフ（副料理長）を打診していただきました。私のような者でも、経験者として見てくれて、採用の話まで進みましたが、残念なことに保障の部分が整わず、家族のために諦めざるを得ませんでした。

こうして私は、洋菓子店で働くことになりました。結局、こちらには２００７年の春から２０２１年の秋まで、15年近くにわたりお世話になりました。

当初はアルバイトとして一日８時間勤務で、週５日間働きましたが、２０１１年には東日本大震災の影響で、社内で人員削減が行われました。私は解雇を免れたものの、勤務日数の大幅な削減を余儀なくされ、経済的に不安定な日々が続きました。

しかし２０１６年には、会社側から雇用形態を正社員としていただき、入社10年目にしてようやく安定した生活を送ることができるようになりました。

コミュニケーションは、食べて歌って喧嘩して

入社当初は、朝早く家を出て夜帰るという慣れない生活に加えて、家事をするのは大変で疲れました。しかし、次第にそれが生活のリズムとなり、快適と思えるようになりました。

この頃はふたり家族でしたので、食事もその他の家事も私のペースでできるので、気負う必要がありません。

仕事帰りに息子と駅で待ち合わせて、買い物を手伝ってもらうこともありました。帰宅後は、圭が学校のことを話してくれるのが楽しくて何よりの癒やしになりました。

彼はまるで開いた本のように、言いたいことを躊躇《ちゅうちょ》なく何でも話します。友達のこと、先生のこと、興味のあること、さまざまな国の友達が持参するお弁当のことまで話題が尽きません。それも私の安心感に繋がりました。

忙しくて子どものケアに手が回らない、と申し訳なく思っていた私に、圭のほうが気を遣ってくれていたのかもしれません。「僕のことは心配ないよ。安心して働いて」

というメッセージだと感じました。

彼はテレビには、あまり興味がなかったようで、世の中が地デジに切り替わるタイミングで、わが家からテレビがなくなりました。

私は皿洗いをしながら、圭の弾くピアノの音色に耳を傾けたり、ラジオから流れるクラブミュージックなどに合わせて、共に歌ったり、踊ったり……。ふり返ると、なんて充実した日々だったのでしょう。

互いにたくさん話すので、親子喧嘩にもなります。小さな喧嘩は日常茶飯事です。「今朝は早く起こしてって言ったじゃない」「自分で管理してくださーい」等々。通学と通勤時間帯が同じなので、電車の中でも朝の喧嘩が長引くこともありました。

出先で知らない方から、「いつもおふたりで楽しそうに喧嘩されていらっしゃいましたよね」と声を掛けられたこともありました。その方も毎朝同じ車両に乗り合わせていたとか。「聞かれていたのね……」と恥ずかしくなりました。

夫がいた頃から会話の多い家族でしたが、もしかしたら圭は、私が寂しいだろうという配慮から言葉が多くなっていたのかもしれません。

ＩＣＵに進み人生の転機を迎えた圭

高校3年生になると、大学入試が目前となり、のんびりしていられなくなります。わが家の場合は、夫が残してくれたものの大半を圭のインターの学費に充てていたので、大学の学費は基本的に奨学金で賄うことになります。

インターから奨学金を取得して進学できる大学に入学するためのノウハウを、彼は自分でリサーチしていました。インターでは、受験についての手続きのすべてをほとんどの生徒が自分で行っていました。受けたい大学宛に、自身が選んだ先生に推薦状を書いてもらい受験します。

大学の奨学金は、返済が必要なものとそうでないものがあり、圭は自分の条件に合う大学を幾つかピックアップして見学に出掛けたり、先生や関係者に相談しながら慎重にリサーチしていたようです。

インターは6月が卒業なので、圭はAO入試をして、9月に入学となります。幸運なことに、幾つかの大学から合格通知をもらいましたが、外国人教師や某大学で教授をしていた友達の親のすすめもあり、リベラルアーツ教育で知られる国際基督教大学（ICU）に進学しました。

ICUは大学2年次まで、専攻を決めないメジャー制度を導入している大学で、自由にさまざまな分野の授業がとれることも本人にとっては魅力のひとつだったようです。私は圭らしい選択だと感じました。

その後は勉強とアルバイトに追われる、とても目まぐるしい4年間を過ごすことになるのですが、幾つかの幸せな出逢いもあり、充実した大学生活だったと思います。

お伝えしたい！
幸せのメニュー

チキン・ア・ラ・キング

・鶏ササミは筋を取り除き、斜め細切りにする。
・赤と緑のピーマンも細切りにする。
・マッシュルームは半分切り。
・具材を鍋に入れ、バターで炒める。
・生クリームを加えて少し煮込み、塩、胡椒、パプリカを加える。
・ボウルにシェリー酒と卵黄を入れて混ぜたら鍋に加えて手早く煮る。
※卵黄は火を入れすぎると固まるので注意。
※わが家ではサフランライスを添える。息子のお袋の味No.1。

私のマドレーヌ

・薄力粉、ベーキングパウダーは合わせてふるいにかけておく。
・ボウルに卵と砂糖を入れて白くもったりするまで泡立てる。
・溶かしたバターと牛乳、バニラエッセンス、すりおろしたレモンの皮を加えて混ぜる。
・粉類を加えて底から大きく混ぜ合わせ、マドレーヌ型に入れてオーブンで焼く。170度で15 ～ 20分くらい。
※私の亡き母の味。
※何度焼いても未だにmamaの味にならず。

5章
夢と希望の大空に　～大学生活～

圭から学んだポジティブシンキング

高校生の頃から、知り合いのお店を手伝わせていただいていた圭は、大学生になり、よりアルバイトの必要性を常に考える生活となりました。

息子自身が管理していたお金の大半は、インターの学費に充てていたので、大学の学費やお小遣いは本人が手当てする必要があります。

「インターへ行きたい」と圭が言った時に、私は「そうすると大学生になってから大変なのでは？」という話はしましたが、父親が残してくれたお金を使ってインターへ行くという本人の決意は強固でした。

その時、圭の気持ちは既に決まっているようでした。

「他のところへは行かない。自分はインターで英語をしっかりと学び、世界の文化に触れて外国に行く土台をつくる」息子の覚悟を私は感じました。

父親を失い学校に行けなくなった時期に、これから先どのような環境が自分に適しているのかを、圭なりに模索していたようでした。実際にインターに通ったことで、圭の価値観は養われ、どう生きるかというビジョンが見えてきたのだと思います。

当時は小学生が決めるお金の使い方としては、相当に大胆でハラハラしましたが、夫なら圭の決断を信用して何も言わずに見守っていたことでしょう。

とはいえ、余裕がない経済事情は依然と残されました。覚悟の上です。

大学生になると、圭はさまざまなアルバイトを見つけて掛け持ちしました。それでもお給料をそうそう使うわけではありません。未来に備えての貯金もしようというのが、アルバイトをする目的のひとつでした。

また、奨学金を取得し続けるために、勉強もおろそかにせず常に自分を律し、向上させる4年間となったのではないでしょうか。

アルバイトを掛け持ちして学んだこと

圭のお金が少なくなってしまったのなら、私がサポートしてあげればいいじゃない。

可能であればもちろんそうします。夫亡きあとにしばらく鬱を患い、家から出ることも難しい時期が私にはありました。働かなければと思うのに、気持ちが焦れば焦るほど身体が動きません。情けないと思いながら、どうにもなりませんでした。

生まれて初めて経験する「鬱」は、私にとって壮絶なものでした。

何をするにしても、自己否定の帽子をなかなか外すことができません。息子には本当に申し訳なく思いますが、当時は生きているよりも一刻も早く夫の元へ逝きたい気持ちが先走りました。

この気持ちを、どのようにうまく調整するか。

「生きることは、いろいろなことをうまくバランスをとるということなのだなぁ」という気づきもありました。

圭が中学生になる頃からは、少しずつ外に出ることができるようになり、前述したように、周囲の方々の温かいサポートのおかげで、薄紙を剥ぐように元気を取り戻しました。そして圭が高校生になる頃には精神力も整い、就職することができたのです。

とはいえ、生活にはお金が掛かります。

夫の遺族年金は数万円です。マンションの管理費用や固定資産税などもあります。病気になってしまったので、保険の利かない医療費用も掛かりました。わが家の家計は夫が仕切っていたため、私にはわからないことだらけでした。

私の貯金は、就職するまでの6年間、自身の治療費用や圭との生活費用、講師業の資金などに用いました。時にはわが家の状況を棚に上げ、生活苦を嘆く友人家庭をサポートした時期もあり、日々目減りしていきました。

圭は塾の講師、大学病院の夜間受付、週末はビストロ、お寿司屋さんやウォーターサーバー関連の営業もしていました。

アルバイト先では、皆さまに大変親切にしていただいたようです。ウォーターサーバーの会社でも、よいスタッフの方々に可愛がられ、営業で一番の売り上げを出したこともあったそうです。

掛け持ちのアルバイトは、目まぐるしかったとはいえ、10代から70代まで幅広い年代の方々と関わり、良い環境下でさまざまな経験ができたことに、息子は今でも感謝しているようです。

私のほうが圭に遅れをとっていましたが、彼が精力的にアルバイトに励み、次々と未来を切り開いていく姿に刺激を受けて、自分もまた仕事を頑張ろうという気持ちが高まりました。

夫が亡くなるまで、社会に出たこともなかった私が、やがて正社員として雇っていただくことになり、感慨無量でした。

一方で圭は中学生の頃から「あなたは結婚したほうがいいよ」と、度々私に言いました。どういう意図だったのか追及したことはありませんが、当時は夫を失ってまだ数年なのに、すごく冷静だなぁと感じました。

圭は幼い頃から自立心が強い子どもでしたが、この頃にはますます拍車が掛かり、大人びた発言で私を驚かせることが多くなったのです。大学生になると、私のほうが圭にたしなめられることも多々ありました。

こうしていつの間にか成長した息子を、私は頼もしく思うようになりました。

「海の王子」として活動に携わって

大学時代に圭が「海の王子」として活動に携わったことはよく知られています。当時は7月の海の日前後に、藤沢市観光協会が主催していたコンテストで、正しくは『湘南江の島海の女王＆海の王子』といいます。コロナ禍では一時中断しましたが、毎年行われているようです。

入賞者には賞状や賞金、副賞が与えられ、任期は1年間。藤沢市や県内、姉妹都市などで行われる各種イベントに参加して、藤沢市観光の広報宣伝活動を行う役目です。圭は２０１０年のコンテストに応募し、女性３人、男性２人のうちの一人に選ばれました。

きっかけは親族が過去に活動していたことでした。その頃、中学生だった圭は「あなたも将来応募してごらんなさい」と身内から勧められました。

湘南は彼にとって、父親との大切な想い出の場所のひとつです。興味を持ち続け、いつか自分もやってみたいと思っていたのでしょう。

「海の王子」としてさまざまな経験を積んだ圭

こうした観光大使の役目を果たすことで、自分に親しみ深い藤沢の土地をよく知り、さまざまな方々と交流できます。特に大人と協働することで素養を身につけられれば、就職などの未来に役立つかもしれない。

また、一学生として賞金や旅行券などがもらえ、イベントで全国さまざまな場所を訪れることができたことも魅力的だったようです。

女王、王子の皆さんと一緒に貴重な体験をすることができ、息子はひと回り成長したように思います。

Tomorrow's another day（明日は明日の風が吹く）

貴女の座右の銘はなんですか？

時々聞かれる質問です。私にはそんな大それたものはないと思っていましたが、「あなた、あるじゃない」と、ある時圭から気づかされました。

『Tomorrow's another day（明日は明日の風が吹く）』

夫を亡くして行き先がわからず、どう考えたらよいかもわからず、不安で不安でたまらなかった時に、海外生活が長かった夫の友達から贈られた言葉でした。

それからは、苦し紛れに度々口にするようになり、自分を励ます「おまじない」のように使っています。

また、心配性の私が「このくらい能天気に生きることができたらいいなぁ」と願う、憧れの言葉でもあります。

圭の座右の銘は周知の通り、『Let it be（あるがままに）』。この言葉を彼が心に留めるようになった背景には、ストーリーがあるようです。

大学1年生の夏、圭は友達の母親からアルバイトに誘われました。

前述した九州旅行でご一緒した彼女です。

富裕層を対象としたツアーを提供する、日系、外資系の旅行会社が集まる『チェリーブラッサムジャパン』というフォーラムでした。

彼女が経営する会社も関わっていたイベントで、当時、東京国際フォーラムで3日間開催され、そこで通訳者として働くのがアルバイトの内容でした。友達と共に事前に研修を受けた圭は、南アフリカの企業担当のブースで通訳を任されました。

このアルバイトを通して圭は、「世界はなんて広いんだ！　生まれた場所がたまたま日本だからといって、ここだけに留まる必要はないのだ！」と感じたようです。

この時に彼女から「貴方らしくやればいいのよ。『Let it be』あるがままに生きればいいのよ」というメッセージをいただいたのです。

彼女が天に召されてからも、その言葉は息子の心の中に生き続けています。

フォーラムでお世話になった南アフリカの企業の方たちは、その後東日本大震災の際に「ケイ、食べ物はあるの？　ビーンズ（豆）でよければ直ぐに送るよ！」と連絡をくれました。

たった3日間、息子と共に仕事をした方々です。

1万4千キロの距離を感じさせない愛に満ちあふれたメッセージに、スケールの大きな世界観を感じました。

ジャズとビリヤードと『バランタイン』

学業やアルバイトに精を出していた圭ですが、ささやかな楽しみは幾つか持っていたようです。大学生になっても、小学生の時の名残でピアノはよく弾いていましたね。自宅のピアノはもちろん、ビリヤード台のある馴染みのバーでは、グランドピアノを借りて弾くこともありました。

フラリと立ち寄っては、『ミスティ』や『マイ・ファニー・ヴァレンタイン』などのスタンダードジャスを弾いていました。

こちらのバーは、私のシルクフラワーをピアノの上に飾らせてもらった時期もあって、その頃の支配人とは面識がありました。物静かな支配人は、当時中学生の圭にビリヤードの手ほどきをしてくださり、よく通わせていただいた時期もあり、息子にはとても居心地のよいお店だったと思います。

またこの店は、圭が初めてお酒を覚えた場所でもあったようです。

いつものようにビリヤードをしていると、ある男性から「君、いい笑顔をしてるね」

と声を掛けられました。それからというもの、圭はその方から息子のように可愛がっていただきました。ご縁というものは、どこにあるかわかりませんね。

20歳を迎えた時には、その方がキープしていたスコッチウイスキー『バランタイン』のボトルを開けて、お酒の嗜《たしな》み方を教えてくれたそうです。

初めてのお酒が息子にとって、楽しく記憶に残るもので良かったと思います。

「僕が唯一父親としたかったことは、こうして一緒にお酒を飲みながら、たわいもない話をすることかもしれないナ……」

この頃まで、彼の口から父親が居ないさみしさや、悲しさなどを聞いたことがありません。ある日、ポツリと呟いた息子の言葉に重みを感じずにはいられませんでした。

圭はウイスキーが好きになり、それからもいろいろな種類にトライしているようです。そういえば夫はバーボンが好きでした。生きていたら、グラスを傾けながら息子とふたりで男同士、秘密の話をするのかもしれませんね。

夫との家族約束、いざバルセロナへ！

元々「海外に行きたい」という望みを持つ圭なので、大学生になるとその想いがより強くなりました。１年生の終わりの夏に、カリフォルニア大学バークレー校（ＵＣバークレー）に数週間、短期留学することになりました。

バークレー近くのサンフランシスコは、オーガニックが根付いていることでも有名な場所です。そこで圭は１００軒近くのオーガニックショップ（飲食店、デリ、スーパー）をリサーチして、オーガニック食品についてのレポートを書き上げました。

また、趣味のひとつでもあるジョギングを毎日していたそうです。

カリフォルニアの青い空の下、さぞ気持ち良かったことでしょう。

いつの間にかジョギング仲間ができ、ＭＢＡ（経営学修士）を取得するために留学していたスペイン人の男性から「今度一緒にバルセロナマラソンに参加しない？」と誘われたようです。彼はテック関連会社の社長で、圭よりずっと年上でした。

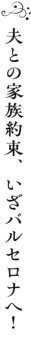

翌年、20歳を迎えた圭に、「記念に何かしたいことはあるの？」と尋ねたところ、「できればバルセロナに行きたい」と返ってきました。

バークレー校で知り合ったスペイン人男性と、現地でマラソン大会に参加したい気持ちもあったようですが、そもそもスペインへの旅は生前夫の希望でもありました。ハネムーンに訪れるはずの予定が、妊娠判明で延期になった時から、夫は「君が20歳になったら家族で行こう！　みんなにもサグラダ・ファミリアを観せたい！」と、事あるごとに息子に話していました。


いつしかそれは、圭や私の望みにもなりました。

圭から「あなたも一緒に行こうよ」と誘われました。

「彼が就職したらなかなかこのような機会は持てなくなるかもしれない。これが最後のチャンスなのかも……」と思い、格安のチケットを購入し、夫が望んでいたスペインへ出掛けました。

当地では、スペイン人の男性にもお会いし、彼が手配してくれたビジネスホテルに泊まり、束の間の旅を味わいました。

サグラダ・ファミリアの工事は、未だ残すところが多く感じられました。内部の神秘的な螺旋《らせん》階段を上るたびに、圭も私もなぜか夫の存在を感じ、とても不思議な気分になったことを覚えています。

決して経済的に余裕のある家族ではありませんが、いろいろと切り詰めながらも夫の望みを家族で叶えたことは、一生忘れられない想い出となりました。

初めての男子寮生活、そして出逢い

ひとりっ子で、かつ私とふたりの環境で過ごした圭は、兄弟に憧れた時期もあったようです。

「他の学生たちと大勢の中で暮らしてみたい。寮費用はバイト代で賄うから大丈夫」

そう言い、彼は1年間の寮生活を経験しました。

ＩＣＵには幾つかの寮があります。本人が希望した男子寮は現在は取り壊されてしまいましたが、歴史が長く、当時は内装もとてもレトロでした。時折ＯＢも訪れるようで、そういう方々との交流も楽しい、と圭は言っていました。

寮母さんはいたものの、普段は学生同士で気楽なのか、階段の手すりに濡れたままのバスタオルが無造作に掛けてあったり、とてもカジュアルで、圭は満足した寮生活を過ごすことができたようです。

学生時代だからこその、良い体験だったと思います。

圭がいなくなると、狭いわが家でもいささかガランとしましたが、アルバイトの都合で、ほとんど週末には自宅に帰ってきました。

「今週末はどんなメニューをつくろうかしら……」と、私は料理のことばかり考えながら過ごしていました。

圭と私はそこそこ穏やかな関係ですが、かといって一卵性親子ではありません。

それぞれが興味あることを追求し、かつ互いを尊重する、サバサバした関係性です。

この頃も、叔母さんと甥っ子のような距離感は続いていましたね。

大学生になっても時折圭の希望でつくっていたお弁当も、この期間はお休みでした。私は自分のお弁当だけをつくって仕事に行っていました。

大学時代の圭のお弁当は、おにぎりが主でした。アルバイトで忙しい彼にとって、手軽に食べることができるおにぎりが都合が良かったようです。

栄養が偏らないように、具にはいろいろと気を使いました。彼はすじこが特に好きでしたが、クリームチーズとおかか、きんぴらごぼうやシウマイを丸ごと具にしたこともありました。

（★本書の最後に「楽しいお弁当」を掲載しています。ご参考にどうぞ）

圭はいつも「ごちそうさま！　旨かった！」と声を掛けてくれました。

「学食や大学周辺のお店で食べずに、なぜおにぎり？」と聞くと、「節約のために決まってるっしょ！」と答えが返ってきました。倹約志向なのだなぁと理解しました。

自ら次々に環境を変えて生きていく圭。

寮生活が終わると、今度は交換留学です。留学中の成績も、もちろん奨学金取得に影響するので気は抜けません。

そしてこの交換留学が、彼の人生の転機に繋がることになるとは、この時には思いもしませんでした。

＊　＊　＊　＊　＊　＊　＊　＊　＊

大学の交換留学制度を用いて、圭は3年生の夏から1年間、カリフォルニア大学ロサンゼルス校（ＵＣＬＡ）に留学することになりました。

留学の説明会は、留学先を問わず、希望者全員を対象に行われたそうです。

大学内の教室で、圭は大切な人と初めて言葉を交わすことになりました。

お伝えしたい！

幸せのメニュー

キュウリのスープ

・皮を剥いてコロコロに切ったキュウリを加えて小麦粉をふりながらバターで炒めて、牛乳とブイヨンスープを１：２の割合で加えて煮る。

・エストラゴンや塩、胡椒で味を調え、冷めたらミキサーにかけて冷蔵庫で冷やす。

・スープの上に薄く輪切りにしたキュウリとヨーグルトひとさじ、フレッシュなディルを飾っていただく。

※キュウリは体温を下げる効果があるので、夏バテの時にも良いメニュー。

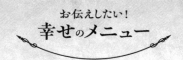

ラタトゥイユ

・ズッキーニは輪切り、キュウリは所々皮を剥き輪切りに、セロリ、ナス、玉ねぎ、皮を剥いたトマトは一口大に切る。
・ベーコンやソーセージを入れるとおいしい。
・鍋にみじん切りのニンニクを入れてオリーブ油で炒め、具材を加えてさらに炒めたら、水煮トマト缶と赤ワイン、チキンブイヨン、塩、胡椒、月桂樹、砂糖少々、しょう油少々を入れて20分くらい煮る。
※わが家ではパスタにかけて食べる。
※夏は冷やすとおいしい。

6章

一番大切なことは心で見よう

思い描く未来は、臨機応変に対応する

留学生活は、日々の学びやルームメイトとの交流に、充実して過ごしていたようです。そんな中で、圭は就職説明会にも参加しました。当地では、海外経験のある学生を対象にした、日本企業や外資系企業の説明会が開かれます。

日本国内で採用されるのとは別に、英語力や海外での対応力などを重視するようで、海外や外資系企業で働きたいと思っていた圭にとっては、重要な機会でした。

自分の将来のことは、自分で情報を集めてどんどん進んでゆく。そのやり方は小学生の頃から変わりません。あの時もインターに入学すると決めて、参考になると思った方から情報を得て、学費の計算までして環境を整えていました。

今回も留学中に、自分の将来のためにできることは何でもしてこよう、と考えていたのでしょう。

一方、私はひとりになると、今までの圭とのコミュニケーションを想い出します。

夫が亡くなってから10年、圭に「あなたは結婚したほうがいい」と言われ続けていました。私が生涯独身のままでいたら、いつか圭のお荷物になるかもしれない。私としてもそれは避けたい。

「私が自由に生きていく」ことは、圭が自由になれるということでもあり、そうした関係性で、互いにうまくやってきました。今後もそうあるべきだと思っています。しかし、現実はそうそううまくいくものでもありません。

私は40代後半になり、体力的にも精神的にも少しずつ変化を感じていました。更年期障害の症状が現れ始めた時期でもありました。性別問わず更年期障害で苦しむ方は少なくありません。御多分に漏れず、私もホットフラッシュやめまい、不眠症などのさまざまな症状に襲われ、精神的に不安定な状態に陥りました。

「今後、どうやって生きていこうか……」

夫がいない暮らしの中で、自分をなんとかやり過ごし、一息ついた時にこの状態です。答えが出ない問いを自分に投げかけることも多くなりました。

当時、リスペクトしていた方から「いくら未来を思い描いても、その通りにならないのが常ですよ。その時々で臨機応変に対応していくしかないわね」と教えられたのです。「とにかく今は考えない。考えてどうにかなることでもない」

そう自分に言い聞かせました。

更年期障害は今も続きます。かれこれ10年余りになりますが、未だにホットフラッシュが起こり、めまい、動悸《どうき》、不眠症……私の場合は鬱の症状と相まって、よけいに悩まされています。不眠症については、数十分単位でしか眠れず、一日中夢の中に居るような時期が数年間続きましたし、今でも時折その症状が起こります。

「固定観念にとらわれない」ということ

アメリカから帰国して間もなく、圭の就職が決まりました。滞りなく物事が進んだことにホッとしました。特に業界や就職先などに、本人はこだわりを持っていなかったそうですが、就活中に先輩方に相談すると、「数字に強くなれそうなところに入るのもアリかもしれない」とアドバイスを受けました。

その結果、メガバンクに入行することになりました。圭のプライベートは充実しているように見えました。デートもしていたのではないでしょうか。

そして月日が過ぎたある日、「将来、彼女と結婚するから」と、圭から笑顔で伝えられました。圭が彼女にプロポーズをしてお受けいただいたようでした。


前述したように、私は周りの皆さまに支えてもらいながら、何年も掛けてようやく鬱を乗り越え、更年期障害に悩まされても、仕事が軌道に乗っていた時期でした。

皆さまのご恩を無駄にしないよう、一日一日を自分なりに懸命に過ごしていたので、「この生活を乱されたくない」という気持ちがとっさに働きました。「一体どうなってしまうのかしら……」と未知の事柄に不安がよぎりました。

しかし、圭が決めたことです。夫が残したわが家の方針を尊重し、いつものように「おめでとう」と私は返しました。

固定観念が強いように感じる世の中、インターの文化や価値観と異なります。まして結婚となれば、その事柄は圭だけの範囲で収まらないかもしれず、予測できない未来に不安を覚えました。

この結婚が公になり、どのような意見が飛び交い、その結果私や家族がどのような状態に陥ってしまうのか。私人として今までのような日常を過ごすことができるのかしら……。そのようなことが頭を駆け巡りました。

未来は誰にも予測できません。そして夫にも相談することができません。ひとり親のわが家にとって、私には荷が重すぎました。

息子の想いを受け止めようとすればするほど、眠れない夜が続きました。

ザワザワする気持ちを抱えていた時、息子が大学受験でお世話になった先生から、電話をいただきました。私も人生の節目で、いろいろと相談していた先生です。

結婚について、圭が先生だけには相談していたようで、先生は私のことを心配して、わざわざ連絡をくれたのです。

「堅苦しく考えずに、ケイの親として真摯に受け止めればいいのでは?」

そうアドバイスをもらいました。「振る舞いは今のままで特に気にしなくていい」

とも。話を聞くうちに、少しずつ心の鎧《よろい》がほどけてゆくのを感じました。

そう、私は私でしかないのです。清廉であること、真摯であること。それらを大切にして、今までのように生きていこう。そう自分を奮い立たせるのが精一杯でした。

仕事についての価値観と折り合い

メガバンクに内定し、２０１４年から勤務し始めた圭。ありがたいことに英語力を買われて、外資系法人のお客様担当になりました。当初は上司の方がＯＪＴというのでしょうか、一人前のバンカーに育てるために手取り足取り教えてくれたようです。

しかし、インターで多感な時期を過ごし、大学でも留学期間があるなど、思春期以降この国の環境であまり過ごしてこなかった圭にとって、日本の銀行はある意味「異文化」だったのかもしれません。

人間同士の付き合いというより、上下関係を重んじる、つがれたお酒は飲まないといけない、新人はお酌をして回る……。そのような事柄について、圭の場合は目的意識を持つことができなかったのでしょう。

こればかりは人それぞれ価値観が異なるので、仕方ないかもしれません。また、得意な英語を活かせるといっても、アメリカ的な文化の懐に入って仕事をすることは望まれていません。あくまでも、日本の文化の中で、外資系企業と接するのが仕事のようでした。日本の伝統ある企業からすれば、当たり前のこと。でも本人の気持ちの折り合いがうまくつかなくなっているように見えました。


この時期は、休日になると早朝から逗子や葉山へ、ＳＵＰ（サップ）などのマリンスポーツをするために出掛けていました。小学生のあの時のように、ひとりになって海に抱かれながら、行く先を模索していたのではないでしょうか。

同時にこの頃、圭は「結婚しよう」という気持ちがさらに固まっていたと思います。でも周囲にはまだはっきりと伝えることができない時期でした。そんな中で、銀行に就職できたことは、彼女やそのご家族への安心材料のひとつになると考えていたのかもしれませんね。

本人はとても悩んでいました。そこで、外資系の金融企業に入り直したらどうだろうか、と圭は考えたようですが、これは諸事情があって叶いませんでした。

Beyond the sea.「弁護士」になろう！

八方塞がりの中、本人は決心しました。

「弁護士になろう」以前から胸に秘めていた想いです。

大学時代は奨学金を視野に入れての学びだったので、成績をキープするためそれなりの勉強でした。つまり、毎年奨学金を得るためには良い成績が必要です。アルバイトで忙しい日々でしたが、いかなる時も学ぶことが生活の中心だったのです。

彼は本当によく勉強していました。勉強が苦にならないどころか、むしろ好きだと感じました。とはいえ、それは奨学金を得るための学び方です。本人は自分の専門性を高め、その専門性で生きてゆく道を本当は選びたかったはずです。

せっかく身につけた英語も、このままだと宝の持ち腐れになってしまう。

それならば本当にやりたかったこと――海を超えてアメリカで弁護士になることに、自分を賭けてみるべきではないか。

「今こそやるべきなのでは」そう言うと、圭は構想を練り始めました。

2016年に銀行を退職し、一橋大学大学院国際企業戦略研究科経営法務専攻（2018年からビジネスロー専攻〈法学研究科〉へ専攻名変更）に入学。昼間は都内の総合弁護士事務所でパラリーガル（弁護士資格は持たないが専門的な法律事務をこなす事務職員）として勤務し、夜間は大学院で学ぶ日々が始まりました。

わが家の「自由主義」はどんな時にも崩れません。しかし司法試験に受かる保証はありません。改めて息子のことを、「相当ポジティブなんだなぁ」と感心しました。

一番大切なことは目には見えない

法律事務所に通勤するようになった圭は、週に何度かお弁当を持って行くようになりました。再び楽しいお弁当づくりの日々が始まりました。

この時期私は、そちらのほうになるべく意識を集中させていました。いずれにしても、そのような形でしか私は協力することができません。法律事務所には、食通の先輩方が多くいて、事務所近辺のおいしいお店をいろいろと教えてもらったようです。

また、ある年の社内旅行では、カツオを食する企画で、圭も参加し四国へ出掛けました。お土産に本場の「カツオの藁焼き」を買って帰り、そのおいしさに家族も舌鼓を打ちました。外国人の弁護士、パラリーガル、インターンの方も何人かいて、社風がとてもフランクです。圭にとっては居心地よい環境だったのでしょう。

ようやくパラリーガルの仕事になれてきた矢先、彼女とのデート時のツーショットの写真が公開されてしまいます。それは偶然の賜物だったそうです。記者がたまたま彼らと同じ電車の車両に乗り合わせたのだとか……。

そして翌年２０１７年５月に、彼らの交際が公になってしまいました。

その後はバタバタとさまざまなことが起こり、慌てて準備が行われ、同年の９月には婚約が内定し、会見も行われました。

彼らの関係性については、ごく一部の方にしか相談できない年月だったので、ほとんどの関係者の皆さまからは、驚きと祝福のメッセージをいただきました。

今もなお何に惑わされることなく、しっかりと心を寄せ、以前と変わらないお付き合いをいただいている方たちに心から感謝を申し上げます。

切なる願い ～同調圧力を経験して～

雑誌にいろいろな記事や写真が出てから、私の家族や関係者の生活は一変しました。

前述のように、自分の事柄について圭は自身で決断し、それらを私に伝えます。

そんな関係性で今まで過ごしてきたことは、わが家の事情を正しくご理解いただいている関係者の間では、周知の事柄です。

私の親族でただ一人、ずっと心を寄せ続けてくれた人がいました。

闘病中にもかかわらず電話やお手紙で、亡くなる数日前まで私たち家族を励まし続けてくれたのです。その人にも圭より年上の子どもたちがいたので、私も何かにつけて相談していました。教育についての価値観が似ていたのかもしれません。

「貴女が息子を操作してる？　何これ？」

記事を見て初めに反応したのはその人でした。

「すべてケイ君が決めたことでしょ。子どもを持つ親としてウチもそうだからわかる。『〇〇するから』と子どもから報告を受けて、こちらは『あ、そう』と返事するだけ。でもね、それは彼らが自立している証拠。喜ばしいことじゃない？」

身内の中でも以前からとてもリスペクトしている人だったので、子どもとの繋がり方が、わが家と同じような関係性であることを私は嬉しく思いました。「貴女も『あ、そう教（育）』に入る？」などとよく冗談を言って、私の気持ちをほぐして支えてくれました。そして私の状態を察してくれながら、

「どうやら生きていることは、当たり前ではないらしい。病気をして気づいたことなのだけど、生きていることは奇跡に近いことみたいね」

と、やんわりとした物言いで大切な真理を伝えてくれたのです。そして教育者として、力の限りを教え子たちに注ぎ、冬空にひとり旅立って逝きました。

依然報道は続きます。自宅付近にはいつも記者がいて、カメラを構えています。圭や私の出勤時には、電車の中まで付きまとい、あれこれ問いかけてくることも度々ありました。それが彼らの仕事なのはわかりますが、私たちの関係者のお宅にまで及びました。

「早朝や深夜に記者が家に来て取材する」

「いくらなんでも非常識ではないか?」

関係者が怒るのも無理ありません。もし私が同じ立場でもそう感じます。とても申し訳ない気持ちで一杯でした。そのようなことが続き、離れていった友人も少なくありません。

同居している私の父にも、記者は声を掛けてきます。

父はもうすぐ90歳になる後期高齢者です。コロナ禍ではたとえマスクをしていても、息のかかる距離で話しかけられたことに、父はとても恐怖を感じていました。

また、記者の取材に対して、私たちが黙っていれば「無愛想」「つっけんどん」「生意気」などと勝手に決めつけられ、少し表情を緩めようものなら「いい気になっている」と批判される日々でした。

それが雑誌の大きな見出しになったり、ネットで炎上が起こります。

すると有識者といわれる方々やコメンテーターが、番組や雑誌であれこれと意見を交わします。ネットでもそれに伴い、さまざまな有象無象の意見が書き込まれました。

もちろん、本質を見極めて意見される方々がいたことは記憶に留めております。

平凡に生きてきた私には、このようなことについても、経験するまでは知る由もありませんでした。

私たち家族と、実際に会ったことも話したこともない人たち（世の中のほとんどの人）が、これらの情報を聞いたり読んだりすれば「へぇ、そうなのねぇ」と感じる人も少なくないでしょう。私も何も経験せず、当事者でない立場なら、同じように受け取る可能性がないとは言えません。

しかし、当事者でしかわからないことは、いつの時にも存在すると思います。家族間でも互いのことを100パーセント理解し合うことはなかなか難しいことと似ているのではないでしょうか。これらの経験から、年齢や立場に関係なく、どこにでも「同調圧力」が存在することを、私は身をもって知ることになりました。それは時には、人を死へと誘う要因のひとつになっているようにも感じてしまうのです。

わが家の状況を見るに見かねて、「コレは虐めじゃないか。子どもたちの前で大人がこのようなことを全国に伝えていいのか?」とテレビ局に電話をして、意見を述べた関係者もいました。

学生が虐めを苦にして自ら命を落とすニュースが絶えないことに、誰もが心を痛めています。彼らの手本となるであろう大人が、電波を使い同調圧力を繰り返している事態に、恐れさえ感じます。

この時期、私が勤務するお店には匿名で「そちらのお店は、世間で批判されている人（私のこと）をなぜ解雇しないのか」「解雇しないのならばそちらのお店の品物は買いません」などの数々の電話が掛かっていることを知りました。「気にしなくていいのよ」と励ましてくださる方もいましたが、私はいたたまれない気持ちで日々を過ごしていました。

記者は職場にも追いかけてきました。

洋菓子店の前でもウロウロするので、お店には申し訳ないし、せっかくおいしいお菓子を買いに来てくださるお客様にも申し訳ない。

当初は「慶事だから」と笑顔で対応していた経営者も、次第に堪忍袋の緒が切れるのを感じました。そうなっても不思議ではない状況かもしれませんでした。

私は夫が亡くなった頃の体調がぶり返しました。いや、それよりも悪い状態です。家から出るのが怖い。家に居るのも怖い。職場への通勤も怖い……。

私が出勤すれば、職場の従業員の方々にも記者は容赦なく声を掛け、彼らの自宅付近まで付きまといます。

「いっそ、私がいなくなればいいのかもしれない」と、自分を否定する日々でした。

しかし社員の中には、そんな私の気持ちをほぐしてくれる方たちもいました。

雨の日、私がさす傘の下にしゃがみ込みながら行く手を阻むようにシャッターを押し続けるカメラマンに、「やめなさい！　彼女が怖がっているでしょ！」と意見してくれる先輩社員もいました。涙が出るほどありがたい想いでした。


このように関係者の皆さまから真心込めて支えていただきましたが、メディアでは相変わらず「ふさわしくない」と私は言われ続け、やがてそれは「人格否定」の域に達します。その辛さは、経験がおありの方にはご理解いただけることと思います。

内容は違えど、現在、心ない発言や態度に苦しんでいる方もいるでしょう。

この世の中にひとりとして同じ人間はいないのです。皆違って当然なのです。

情報について同調する前に、「本当に自分に判断できる範囲のことなのか？」を今一度自問し、互いの違いを認め合える社会になることを切に願います。

愛する自由も叶わないのならば……

それでもわが家の男性ふたりは、私よりは幾分冷静でした。父は「人を愛することは、自由であるべきではないかなぁ」と言います。堅物な父の発言とは思えず、耳を疑いながらも「人を愛する気持ちは、誰にも邪魔はできない」という真理はとても腑に落ちます。圭もそう感じているように思いました。

さまざまな意見もありましたが、「真っ直ぐな気持ちで人を愛し、その人を守っていきたい」息子のそのような想いを、私がどうして否定することができるのでしょう。

もしも夫がいたら、彼も圭の決断を頭から否定することはないのではないか。固定観念を持たない自由主義な思考の人でしたので、息子たちが大学で出逢い、長い年月をかけて大切に愛を育んだことに感動すら覚えることでしょう。

きっと「僕たち（夫と私）の出逢いと似ているね」と微笑みながら、応援するのではないかと感じました。また、母が生きていたら……などと、私は「家族ならどうするかしら」とそれぞれ想像してみたりしました。

母は戦争で自身の叔父を亡くしています。私も写真を見たことがありました。その時代は彼だけではなく、世の中がそのような状況だったとはいえ、写真立ての中にはまだ20歳を迎えたばかりの軍服姿の好青年がいました。

「この人にも好きな人がいたかもしれない」「思い描いた未来があっただろうに。さぞや無念だったろうなぁ……」あの時、そんなことを感じたのをふと思い出しました。

私は母から「相手がどのような立場の人であっても、自分の意見をきちんと伝えることのできる人になりなさい」とよく言われて育ちました。

それは「すべての人の声を、尊重できるような世の中の土台をつくって欲しい」という彼女の願いを託していたようにも私には聞こえました。

先進的だった母が、未来のダイバーシティ（多様性）を望んでいた発言ではないか。そんな彼女なら、圭の想いをやはり応援するのだろうと思いました。

ようやく日本もジェンダー平等についての議論を始めたようです。

好きな人を愛する自由も叶わないのなら、どのような時代を私たちは生きているのかさえ、疑問になるのではないでしょうか。

たとえどのような立場の人にとっても、差別なく平等で、それが継続される社会であって欲しいと願います。


たくさんの批判を受ける中で、圭は法律事務所で実務経験を積みながら、一橋大学の大学院でビジネスローを学び、法律家として生きる道を着々と歩いていきました。婚約延期の発表、そして一橋大学大学院修了後、圭はご存じのように渡米します。アメリカで、ニューヨーク州弁護士資格を取得するために、２０１８年から当地のフォーダム大学ロースクールに入学することになりました。

ありがたいことに、同校の奨学金をいただき、法律事務所からは貸与という形で、現地での生活費用や、学業に関連する費用などをサポートしていただけることになりました。

お伝えしたい！

幸せのメニュー

チキンカチャトーラ（鶏の狩人風トマト煮込み）

・鶏モモ肉は食べやすい大きさに切り、小麦粉をまぶしてオリーブオイルで焼き色をつけて焼く。
・別鍋で食べやすい大きさに切った玉ねぎ、トマト、マッシュルームを炒め、潰したニンニクを入れ、白ワイン、チキンブイヨン、ワインビネガー、塩、胡椒、マジョラム、バジリコ、ローズマリーを加えて煮込む。
・さらに焼いた鶏肉と黒オリーブを加え煮込む。
※好みでサワークリームを。

人参と胡桃のケーキ

・卵黄と砂糖をクリーム状になるまでよく混ぜる。
・卵白は泡立てる。
・これらをゆっくりと混ぜる。
・混ぜた中に粗くすりおろした人参、ミキサーで砕いた胡桃、油、塩、小麦粉、ベーキングパウダー、パン粉、シナモンパウダー、レモンの皮のすりおろし、お湯とラム酒を入れて混ぜ、弱火のオーブンで１時間くらい焼く。
・焼きあがったら、ラム酒、お湯、粉砂糖を混ぜたものを上にかける。

7章

祝福、そしてそれぞれの道へ

What A Wonderful World

２０１８年に圭は渡米し、フォーダム大学ロースクール（法科大学院）に通い、ニューヨーク州の弁護士を目指し始めました。アメリカでは州ごとに弁護士の資格を取得することになります。

先ずはニューヨーク州の司法試験に受かることが、本人のミッションでした。ありがたいことに、東京の法律事務所からたくさんの支援（貸与）をしていただきました。ニューヨークの物価は高く、倹約しながら暮らし、息子はできる限りの勉強をしたと思います。

フォーダム大学ロースクールでは、在学中に書いた論文が、ニューヨークの法律専門誌『NY Business Law Journal』に2回掲載されました。弁護士や研究者にとって、専門誌の掲載はひとつの目標のようです。学生ライティングコンペティションでも2つの論文は取り上げられ、２０２１年に、そのコンペで圭の論文が優勝したことは、日本でも報道されました。

この賞はたいしたことはないとか、彼の努力はすごいことだよ、と言われたりしましたが、私はそういうことにはまったく疎くよくわかりません。

インターに通っていた頃の成績にあまりにも無頓着すぎた私に、「もしも成績がA（Exceeding Expectations 期待される到達度を超えている）だったら、お寿司をご馳走してもらってもいいかな？」と圭から提案されたことがありました。

「君の成績によって、なぜご馳走しなければならないの？」

「旨いものを食べられると思うと、俄然ヤル気になるんだよね」

食いしん坊なのは私も同じです。毎回成績がAというわけにはいかないだろうと高をくくり私は承知しましたが、その後何度か、約束したことを後悔することになりました。

成績は本人の成果です。

夫も「学びは己のため」という考えでした。ですから圭の成績について、わが家では一喜一憂したことがありません。圭の論文が優勝した時も、彼の努力の成果は心から喜びましたが、それに留めました。

フォーダム大学では3年間寮に入り、基本的には3食自炊。それまで包丁すら握ったことのない圭ですが、短時間でつくることのできる手軽なものに挑戦していました。テスト前の特に時間がない時には、安物のステーキを自分で焼いて食べることもあったそうです。

アメリカは日本と違って牛肉が安く、安い肉をおいしく食べるための上手な焼き方を留学中にマスターしたようです。

ステーキを食べる時は、ご飯やパンなどの炭水化物は摂らずステーキのみ食べ、糖質をほぼ摂らないので頭が冴えたのかもしれません。

「なんとか健康を保つことができたかな……」と圭は言っていました。

寮は3人部屋で、ルームメイトと一緒です。ドイツ人やベラルーシ系アメリカ人、イタリア系やラテン系アメリカ人、ジャマイカ系アメリカ人の学生たちと共にその

フォーダム大学時代は自炊、料理をする圭

年々で生活を送りました。再びインターに戻ったように、さまざまな文化が飛び交い、楽しかったことでしょう。

日々の状況は、とにかく勉強漬けで娯楽はほとんどありません。学生寮のプレイルームにはピアノが置いてあるので、勉強に煮詰まるとジャズを弾く……ニューヨークはジャズの街でもあります。それが唯一の息抜きだったようです。

圭とは時折連絡を取っている程度でした。短い言葉を交わすくらいでしたが、それなりに様子もわかり安堵しました。

現地での暮らしや心情を思うと大変そうですが、それでも本人の意志が感じられ、元気でやっていることがうかがえました。

適応障害 ～生と死の狭間で～

２０１７年から記者が職場の周りでも待ち構えるようになり、長きにわたって精神的に疲弊した私は、知らずしらずのうちに「適応障害」に罹っていました。

仕事について、己に負けたくない性質を持つ私は、敢えてそのような状態に気づかないフリをして、やり過ごしていたのかもしれません。

ある日、お医者さんから、「これ以上の仕事は無理でしょ。休まないと。限界だと思うよ」と診断されました。しかし私は「せっかく正社員になれたのに、今休んだら信頼を無くしてしまうのではないか。自分に負けたくない……」休みたくない気持ちが勝りました。

家族からも「危険な状態だから」と説得されて、結局私は仕事を休まざるを得なくなりました。

丁度その頃、圭はアメリカの法科大学院へ留学するために渡米しました。

その後の私を、お医者さんや関係者、心友がサポートしてくれました。

信頼する方たちと一緒にいる時は、比較的穏やかな気分になります。そんな方たちを「嫌な気分にさせては申し訳ない」と、自分なりに懸命に振る舞います。なので、あまり事情を伝えていない方からは「元気そうじゃない」と言われることも。それはそれで、後から疲労困憊《こんぱい》します。

ひとりになると、再び恐怖に襲われ、さまざまな症状に苦しみます。

日々、出口のない迷路をさまよっているようでした。

「夫の元へ行ってしまおうか」

「もう、ラクになりたい……」

どれほど思い悩んだかしれません。日増しに自分が自分でなくなるのが手に取るようにわかります。

生きる気力を無くしたまま、ふと気づくと1年以上が経っていました。


適応障害にめまい症も重なり、ひと月余りベッドから起きられない日々が続きました。２０２０年2月頃のことです。

「いよいよ、再起不能かもしれない」と思い始めた矢先、同居している父に、たまたま受けた検査で軽い脳梗塞が見つかったのです。

とてもショックでした。父は即入院し、手術こそ受けずに済んだものの、数十日にわたり治療を受けることになりました。

私は家でうずくまっている場合ではなく、父に着替えや郵便物を届けに病院へ通わなくてはなりません。

最初はフラフラの状態で、友人に付き添ってもらいながら病院へ行きましたが、やがてひとりで通えるようになると、コーヒー好きの父に、豆を挽いて淹れたコーヒーを耐熱ボトルに入れて毎日のように届けました。

そんな状況が、再び私の心身を活性化させたのかもしれません。気がつくと、めまい症は薄れ、家事もできるようになっていました。

２０２０年春、私は再び職場復帰することが叶いました。

勤続15年目の退職～仕事への情熱～

職場復帰しても、再び記者に追われる日々が始まりました。しかし私は働かなくてはなりません。

そんな中、昔から事あるごとに私の背中を押してくれる方が言いました。

「仕事をすることは、ちっとも恥ずかしいことじゃない。ほとんどの人が生活のためにしていること。私だってそうよ。誰が何を言おうと関係ない。開き直りなさい！」

激励の言葉は続きます。

「私は圭ちゃんがランドセルを背負っていた頃から、貴女たちを知っている。やましいことなど何もない。困っている人がいれば助け、なのに裏切られ、馬鹿正直に生きてきたじゃない。胸を張って堂々と生きなさい！」

彼女のこのひと言がなければ、私は職場復帰することも諦め、生きることもやめていたかもしれません。

私の命を救ってくれたとても尊い存在のひとりです。

再び職場の従業員の方々に温かく接していただきながら、1年余りの空白を埋めるべく、私は懸命に働きました。

私が休職していた間に、私の持ち場を引き継いでくれた先輩社員は既に退職されて、今までの感謝の気持ちを直接お伝えできなかったことが悔やまれます。

せっかく復帰できた仕事も、翌年の春に職場の休憩室でアキレス腱を断裂し、その後の治療に相当な期間を費やしたことも引き金になり、私は長年勤務した職場を退職することになりました。


２０１８年に適応障害になるまで、ほとんど無遅刻無欠勤で、決められた週休以外は休まず、真面目に働かせていただいたつもりです。

当時、会長夫妻からの年賀状には、私の働きぶりへのねぎらいの言葉が毎年記されていて、信頼され評価されていることが、さらに仕事にまい進する励みとなりました。今でもそれらは私の宝物として大切に保管しています。

そもそも、アルバイトとして入社した当時から、先輩方の働きぶりがまさにそのものだったので、私も決められた週休以外は、ことさら休みたいとも思いませんでした。

アルバイトの身ですので、週休以外に１日でも休めば収入も望めません。自身が置かれた環境も相まって、冠婚葬祭の時でさえ私は休むことをためらったものです。持病のギックリ腰を起こした際も、痛み止めの座薬を使い、朝は息子に身体を支えてもらいながら出勤して立ち仕事を続けました。

昼休みも一度座ると立つことがキツイので、昼食を立ちながら食べて、社員の方から心配されたこともあります。それほどに休むことを嫌いました。

私が休めば他の社員に迷惑が掛かります。

当時は社員が一丸となって働いていた会社でした。それが商品のおいしさに繫がる理由と感じ、及ばずながら私もその一員でいることが嬉しくて、ありがたくて、日々感謝の気持ちで勤めていました。

それなのに私は怪我で働けない。再び他の社員に迷惑を掛けている——。

自身のショックの大きさは言うまでもありません。怪我のショックに輪をかけて、既にこの頃には鬱病も進行しており、さまざまな方面からの問い掛けに「攻められている」「怖い」と感じるようになりました。

以前夫を亡くした後に、パニック障害を起こしたことがありましたが、それと同じ症状が度々起こり、苦しむことがありました。

たとえば、電話で人と話している最中にも過呼吸や動悸が起こり、息を吸い難《にく》い状態になるのです。説明できぬまま、苦しくてやむなく電話を切ったこともありました。

また、焦点が定まらず、文字を読むこともできない状態でした。無理して読もうとすると、吐き気に襲われ、嘔吐に苦しみます。耳石《じせき》が動き、再びめまい症にもなりました。

これらの状態を、私や息子から弁護士に説明し、その期間はさまざまな手続きや対応をすべて一任してサポートしていただきました。

この頃は、息子の一時帰国もあり、なにかと世間から注目を受け、心身はボロボロの状態でした。

今ふり返ると、帰国中の圭と何を話したかも記憶にありません。

冷静になれば、独身時代最後の息子との束の間のひとときでしたが、息子との再会を喜ぶ気持ちよりも、仕事を失う怖さのほうが勝っていたのだと思います。

圭との再会、そしてインターFMからの祝福

２０２１年5月にフォーダム大学大学院を修了した圭は、同年7月の司法試験を受けることになりました。

法科大学院を修了した人は、その2か月間、一心不乱に勉強します。

息子の試験結果は残念ながら不合格でしたが、本人はあまり落ち込んでいる様子もなく、約3か月後に再び行われる次の試験に向けて、とても意欲的に取り組んでいるようでした。

こんな時に私は夫の言葉を想い出します。

夫は大学受験は現役合格したものの、一級建築士の免許は、結婚後に何度目かの試験で取得しました。試験結果が不合格でも、再び翌日から意欲的に取り組んでいた夫の姿に、圭の姿が重なりました。

「どうして直ぐにヤル気になれるの?」

「そもそも試験は落とすために存在するものだと僕は思っている。でも次の試験は受かるかもしれないよね」

当時の私と夫の会話です。夫の回答は明確で、道理は理解できます。

『成功する人は、思い通りにいかないことが起こるのは当たり前だと分かって挑戦している』

エジソンの言葉です。さらに続きます。

『失敗すればするほど、我々は成功に近づいている』

『私たちの最大の弱点は諦めることにある。成功するのに最も確実な方法は、常にもう一回だけ試してみることだ』

『失敗なんかしちゃいない。上手くいかない方法を700通り見つけただけだ』

諦めない限り、可能性は無限なのかもしれません。

それなら意欲も湧いてきます。

しかし、息子の場合は夫とは違い、その合否が世間に知れ渡り、辛辣《しんらつ》な言葉も飛び交います。それでも本人は割と冷静でいるようでした。

再び夫の言葉を想い出します。

「受験回数に制限がなければ、自分が納得するまで、受けたいだけ受ければいいじゃない」

圭は同年の9月に一時帰国しました。

3年ぶりに再会した彼の持つ空気感に、私は以前にも増して距離を感じました。鬱病のせいかもしれません。

彼は帰国中も、アメリカで就職した法律事務所の仕事をオンラインで行いました。日本とニューヨークで、サマータイム期間中はおおよそ13時間差（日本のほうが時間が進んでいます。スタンダードタイム期間中は14時間差になります）が存在します。

圭と私のそれぞれの夕食と朝食が、朝食と夕食が同じ時間となるわけです。私が就寝する深夜が、圭にとっては昼間でありオンライン仕事の時間です。

そんなわけで、私は圭のお弁当づくりを再開することにしました。もしかしたら、病のリハビリにもなるかもしれない……自身への期待もありました。

久しぶりの帰国とはいえ、互いの昼夜が逆転しながら過ごす生活は、思っていたよりもコミュニケーションの時間が取れない状態でした。

圭は日々の仕事に追われていたので、仕方ありません。

それでも仕事の合間を縫っては「気分転換！」と言いながら、アメリカでもよくつくっているらしいハンドメイドのクッキーを焼いてくれました。

とてもおいしかったです。

そして10月26日、圭は彼女との新しい人生に向けて、再び自宅を後にしました。

その時、ラジオのインターＦＭ『Alexandria』から「ご結婚おめでとうございます！」と聴き慣れたパーソナリティの祝福の声が部屋に響き渡り、私は改めて息子たちへの「祝福」を意識することができたのでした。

何度でも ～シンプル思考のすすめ～

アメリカの司法試験は２月と７月、年に２回行われます。受験日から合否発表まで、約３か月あるので、合否を確認してからだと次回の試験までの日数が詰まります。

言うまでもなく覚える知識量は膨大です。

「合否を知るまで何もしないのは、仮に再び受験する場合を想定すると、せっかく学んだ知識が薄らいでしまいもったいない」と、先輩からのアドバイスを受けて、圭は受験直後から次回の試験へ向けて取り組んでいました。

２０２１年７月に受験し不合格だった圭は、翌年２月に２度目の受験をしますが、不合格。重なる不運に合格率が云々とメディアで意見が交わされていましたが、ここでも夫の言葉がよみがえりました。

「どんなに倍率が高くても、問題はソコじゃない。合格点以上を取れば受かるのだから」夫の思考はいつもシンプルで、目が覚める思いでした。

２０２２年７月の試験で圭は合格。関係者や心友、他の方々も自身のことのように喜んでいただき、とてもありがたい気持ちでした。

また、このチャレンジが、自分の病気の治療の励みに繋がったという方から、圭はメッセージをいただきました。面識はなくてもその方の役に立てたことに、息子はとても喜んでいました。

私はいつものように、今回も別段期待してはいなかったものの、知らせを受けた時は、先ずは息子の配偶者に「おめでとう」の気持ちを伝えました。

誰よりも近くで過ごしている人が、最もしんどかったのではないかと思ったからです。愛する人に支えていただいて、圭はつくづく幸せ者だなぁと感じた瞬間でした。

ちなみにこの時の試験は９６０９人が受けて、圭のような再受験者の合格率は23％。本人が受けた３度の試験の中で、最も低い合格率でした。

「ほらね、ソコではないでしょ」と、夫が微笑んでいるように感じました。

合否発表の時は、丁度圭が新型コロナに罹っていた期間で、その後も咳が長引いてしまい、しばらくの間は出勤を控えていたようです。

それぞれの道へ～私の希死念慮との闘い～

彼らが結婚し、アメリカで暮らし始めて3年以上が経ちます。

環境の異なる場所での新生活は、新しい発見や驚きに満ちて、「大変」という一括りの言葉では収まりきれないものではないでしょうか。

私が夫との新しい生活をスタートさせた時のことがよみがえります。さまざまな心配事はありましたが、それでも愛する人と一緒にいるだけで幸せ。それだけでいい、と思えたなぁと懐かしい気持ちになります。

人の想いはさまざまなので、彼らには彼らの感じ方があり、世界観があると思われます。月並みですが「元気で楽しく過ごしていたらいいなぁ」と思うに留めます。

また、彼らなりのお付き合いや、それに伴う気遣いもあるでしょうから、なるべく家族には自然体でいて欲しいと願います。

彼らのことは「便りがないのは元気な証拠」と受け止めています。

この8年近くにわたる八方塞りの状況の中で、心身に大きなダメージを受けた私は、「どうしたら自分を立て直せるか」を医者や関係者の方々から学ぶことに必死で、自身のことで精一杯なのが現実です。

できるだけ以前の自分を取り戻して、せめて心配を掛けないことくらいしか、私が彼らにできることはないと感じています。

今まで何人かのお医者さんから「お辛いでしょう。これだけやられたら、僕（私）ならとっくに（生きて）いないかもしれない。よく頑張っていますね」と言葉をかけていただきました。その時は自分を肯定することができます。

「消えてしまいたい……と思っている私は、おかしいのではないか？」と悩み続けているなかで、「正常かもしれない」と気づかせてくれる瞬間です。

この期間、入院をして治療するようにと、何度かお医者さんから勧められました。自宅にいても、外にいても、どこにいても私は恐怖を感じ、希死念慮（きしねんりょ＝死にたいと思うこと）が募るからです。

しかし、私の症状に合わせてお医者さんが提案する病院は、設備その他の環境も行き届いた安心感のある施設ばかりですが、費用が高額なイメージを持ちました。

心友たちは「取り巻く環境が変わっても、圭君や貴女の性質や生き方は、以前と何一つ変わらない。それなのにどうして世間は騒ぐのかしら?」と不思議がります。

そうなのですね……人間の心理はとても興味深いものです。

外には一歩も出られずに、自宅に数か月も居続ける時もありました。仕事を失った私の新生活は、希死念慮と闘いながら、家にこもり続ける日々となりました。

bestもいいけどbetterもアリかもね

家族はもとより、私がどのような状況の時にもきちんと向き合ってくれるお医者さんや関係者、そして心友たちには、どんなに感謝してもしきれない想いです。

私にできることがあれば、どんなことでも恩返ししたいと心底思っています。

私が自身を立て直すために必死にもがいている最中に、ある方からひとつの〝魔法のことば〟を教えていただきました。

「本当に大変なことがたくさんありますよね。早く以前の自分に戻らなくては……と考えてしまいますよね。そんな時には『○○よりは少しマシ』とご自身を許してあげてください」

目からうろこでした。

『○○よりは少しマシ』――なんて優しい言葉なのでしょう。

身体の芯からホロホロと何かがほどけていくような、そんな気持ちになります。

そのような言葉を自分に掛けてあげることなど、考えたこともありませんでした。

私の中には妙に生真面目なところもあって、何かをする時に、たとえば仕事などもそうですが、「できるかぎり完璧にやらなければ」と、自身に対する期待値を上げてしまうことがあります。

めったに完璧になどできもしないのに、「〜でなければならない」という錯覚に陥ってしまうことが度々ありました。

育ってきた時代の影響もないとは言えません。

私の世代は、「常に上を目指して努力を惜しまないように」と育てられた人も少なくないでしょう。「受験戦争」という言葉も流行った時代でもありました。

そして上り詰めた先に、世の中はバブル崩壊を迎えます。

それまでの固定観念がひっくり返され、役所も学校も、それまで半休だった土曜日が休日へと変わりました。そうして「ゆとり教育」の時代へと移り変わります。

少し前に、若い世代の人に、「貴方たちと私たちの世代の違いはなんだと思う?」と尋ねたら、「固定観念の有無だと思います」と即答されました。「ウチらは、固定観念を持たないですから」と。納得ですね。

私は父から「お前はダメだ」と事あるごとに言われ続けながら育ちました。私にだけではなく、父は私以外の家族にもそう言いながら過ごしていた記憶があります。

多分父は、自身の時代に美徳とされた「反骨精神」を家族にも養って欲しいと考えていたのでしょう。しかし、言われる度に私は「どうしよう……」とオロオロし、自信を持つことができませんでした。

これは「反骨精神こそ素晴らしい」という父の固定観念と時代性にあったと思います。「負けるものか!」と意欲を持ち、成果を上げる人もいるかもしれませんが、私には合わない言葉でした。

家族だから、と相手の本質を確かめず、固定観念を押し付けられて育つことの怖さを、私は身をもって経験したのです。

後になってお医者さんから、それらが私のトラウマになり、鬱を引き寄せる要因のひとつになった可能性があることを知らされました。

父の放つ「お前はダメだ」も、私にとっては気持ちを下げる〝魔法のことば〟だったのです。言葉は難しいものですね。

家族でも、皆それぞれ性質は異なりますから、母などは「それはパパの生き方ね」と父の言葉には左右されませんでした。

また、息子の前で父が私にこの言葉を投げたこともありました。圭は「何がダメなのかな？　その根拠は？　定義を詳しく知りたいのだけど」と問いかけましたが、そんな時代を生きた父にとって孫への説明は難しかったらしく、口を塞いでしまいました。

夫は互いの家族（実家）を含めて、人からされて不快だったことを、子どもにするのはやめようね、という思考の人でした。

なので、子どもに「勉強をしなさい」と言う親たちの姿を見掛ける度に、「彼らは自分の親からそう言われて嬉しかったのかもしれないね」と言っていました。夫目線の認識ですね。そのような受け取り方もあるのだなぁと、とても新鮮に感じました。

このような夫と出逢わなければ、私も自分なりの固定観念を、父が家族にしていたように、圭にも押し付けていた可能性があります。それはとても怖いことだと思いました。

「固定観念を持たないですから」と言う彼らの言葉も、私にとって〝魔法のことば〟です。心が羽のように軽くなります。

そうして時代は「風の時代」へ変わりつつあるように感じます。

bestもいいけど、betterもアリかもしれない——。

そんな〝風〟を感じていいたいと思います。

ジャッジせず、自分をごきげんにしてあげる。

そのような未来に、私は期待します。

おわりに　～Everything's Gonna Be Alright（すべてはうまくいくよ）～

『Everything's Gonna Be Alright』は、私が影響を受けた友人の好きな曲でした。

闘病中でもお洒落で、バリバリ働いていた彼女とランチをした時のこと。

「この曲好きなの」と口ずさみながら教えてくれました。

J・S・バッハの『G線上のアリア』をサンプリングしてつくられた、切ないラブソング。優しくも、しなやかな強さを感じるメロディーに、ポジティブだったその姿が想い出され、歌詞をたどれば、彼女のチャーミングな部分がクローズアップします。

いつも明るく幸せそうな彼女といると、少しだけ私の母と重なり、私も幸せな気分に包まれました。

『人の幸せは蜜の味』は、私を支えてくださる方々が持つ、共通のマインドです。

「貴女の喜ぶ顔が見たいの」
「貴女の幸せは私の幸せ」
「幸せは連鎖するものでしょう」
「幸せの波動は幸せを呼び込むからね」
「できることならなんでもするよ」
「貴女のお役に立てることが私の幸せ」

これらの宝石のようにキラキラ輝くギフトをキャッチするのが、私の使命なのかもしれません。そのために私は生かされているのでしょう。

そして私もいつか誰かと、これらのギフトをシェアすることができたら幸せに思います。

差別も強制もなく、期待もほどほどに、固定観念も持たず、羽のような軽い心で生きる——。

自分を信じて、大切に、ごきげんにしてあげれば、人を傷つける必要はないはずです。

この広い宇宙の中での地球の大きさをご存じでしょうか？
「太陽と比べたら、地球は塵《ちり》のように小さいのよ」と心友が教えてくれました。
そこで生きている私たちって……。
ジャッジし合っている場合ではないかもしれませんね。

耳をすませば彼女の弾むような歌声が聴こえてきます。
すべてはきっとうまくいくわ……と。

Everything's Gonna Be Alright♪

小室佳代

愛する湘南の海で
ウインドサーフィンを
楽しむ夫

楽しいお弁当

～楽しかったお弁当づくりに感謝！　ありがとう！～

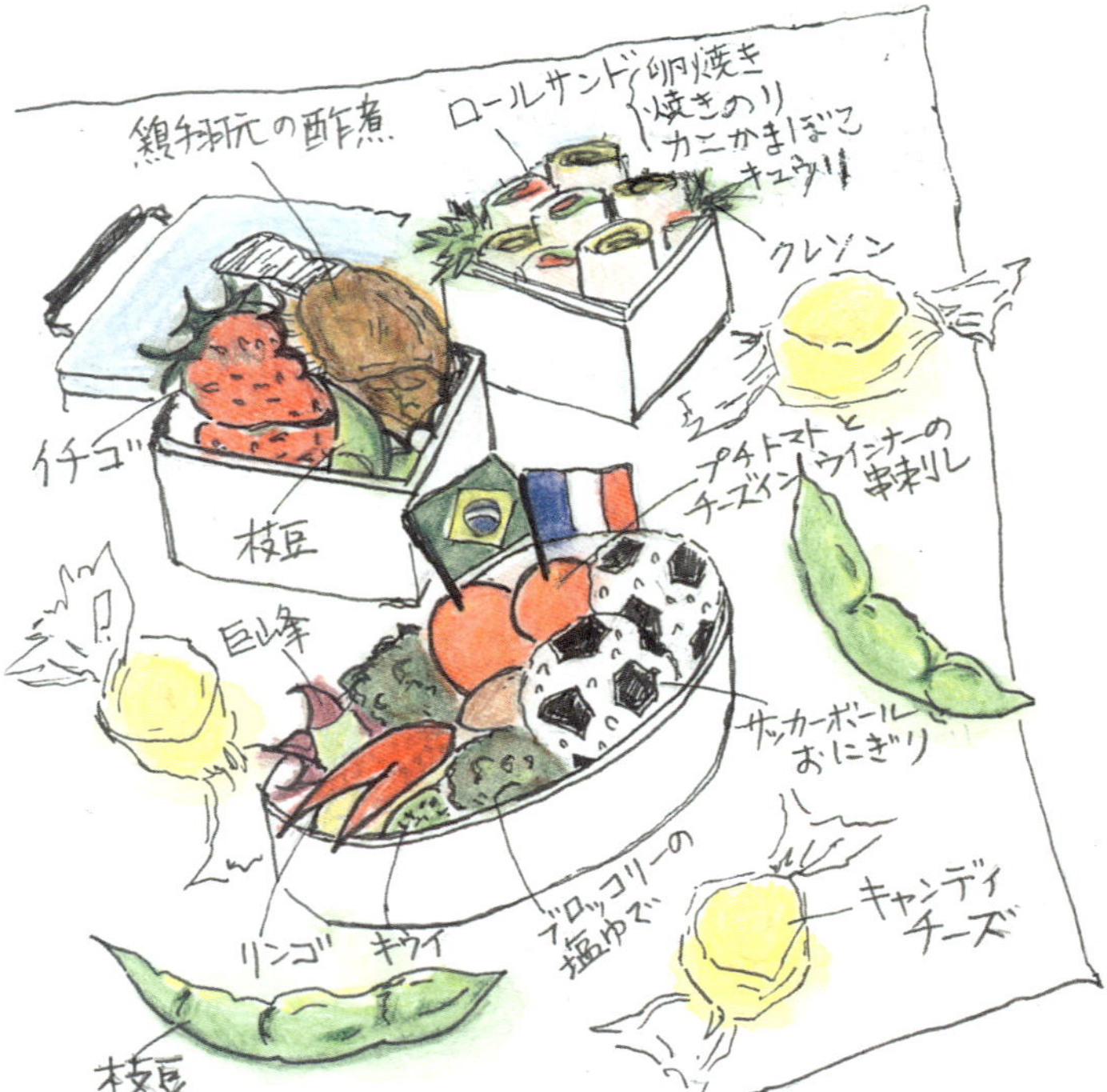

楽しいお弁当 1

息子が幼稚園から23年間、私の楽しいお弁当づくりは続きました。幼い頃は食が細かったので、フルーツや枝豆、キャンディチーズなどの食べやすい食材も欠かさず入れて、ランチタイムの気分が上がるようなお弁当づくりを心掛けました。

楽しいお弁当 2

小学生の頃、一時圭は白いご飯が苦手な時期がありました。ピラフやチャーハン、いなり寿司、カツ丼等いろいろとつくりましたが、のり巻きとドライカレーは季節の食材を用いて頻繁に登場しました。食材には好き嫌いがなかったのでとても助かりました。

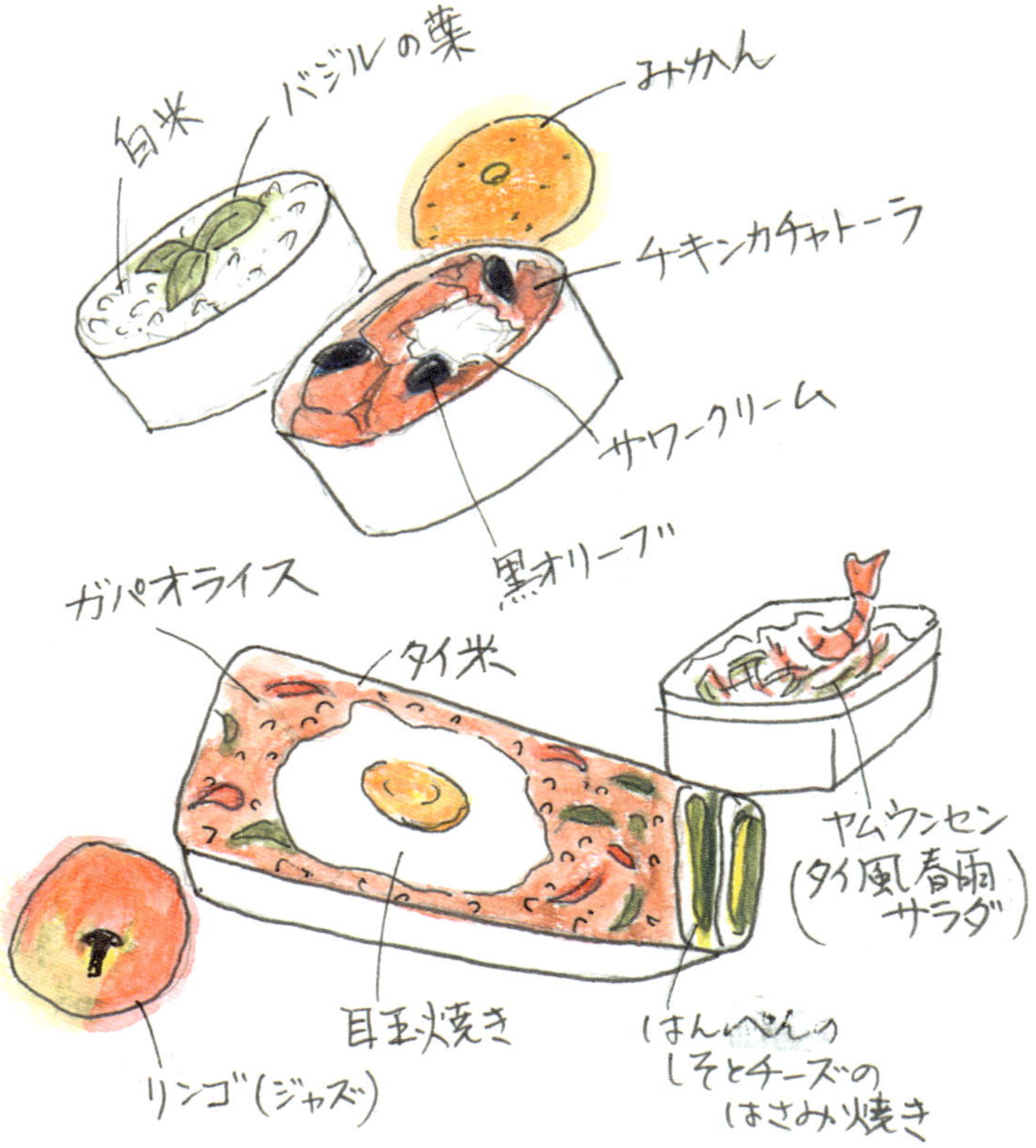

楽しいお弁当 3

インターナショナルスクールに圭が通っていた頃は、いろいろな国の料理をつくり、お弁当箱に詰めました。ランチタイムには、友達同士でおかずの交換などもしたり……楽しいひとときのようでした。韓国人の友達はお母様手製のキムチをお弁当によく持参し、圭もお相伴にあずかりました。台湾（台北）で暮らしていた友達のお母様が皮からつくる水餃子も絶品で、今でも記憶に残っているようです。

楽しいお弁当 4

大学生になった圭からよく「おにぎりつくって！」とリクエストがあり、具材を変えて楽しくつくりました。シウマイやクリームチーズを具材にしたこともありました。会社で働くようになってからは、健康を考えて和食中心のお弁当を多くつくりました。お弁当箱はいつもきれいに洗って戻してくれました。

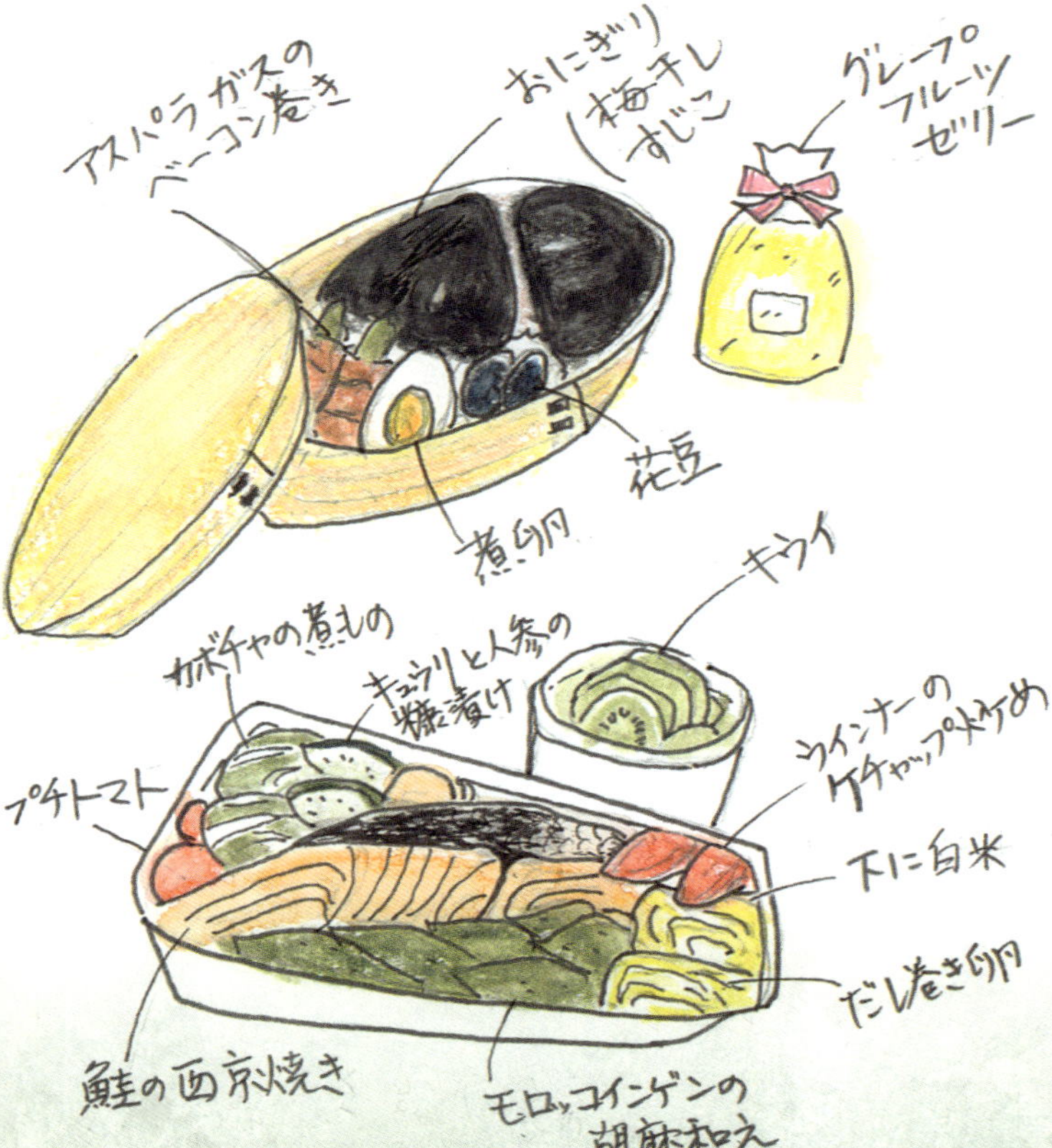

小室佳代 (こむろ かよ)

1966年、神奈川県鎌倉市生まれ。短期大学時代に「食育」の大切さを知り、栄養士資格を取得。時同じくして鎌倉山ドイツ家庭料理店『Märchen Hütte』にてドイツ人店主から料理を習い、手料理の腕を磨く。大学のサークルで知り合った夫と結婚するが36歳の時に夫が急逝。師匠の言葉「料理をつくることは生きること」を胸に、料理づくりのボランティアを経て、ドイツ家庭料理を中心とした料理教室を開催。穏やかな日常が、2017年を機に人生が大きく変わっていく。現在米国在住の小室圭さんの母。

ブランニューデイ　あたらしい日

発行日　2025年2月10日　第1刷発行

著　者　小室佳代
発行者　清田名人
発行所　株式会社内外出版社
〒110-8578 東京都台東区東上野2-1-11
電話 03-5830-0368（企画販売局）
電話 03-5830-0237（編集部）
https://www.naigai-p.co.jp/
印刷・製本　中央精版印刷株式会社

ISBN 978-4-86257-727-6